日本よ、もう謝るな！

◉目次

序　敗戦レジームという「死に至る病」

安倍首相が、「戦後レジームからの脱却」という言葉を発しなくなって久しいが、私は、「戦後レジーム」という言葉には賛同しきれない。戦後といってしまえば、あらゆることが含まれてしまい、何を意味するのかいま一つはっきりしないからだ。

なぜ明快に「敗戦レジーム」と言わないのか？　あの徹底的な敗戦のあと、占領軍によってもたらされたフレームワーク（枠組み）が「敗戦レジーム」である。言い換えれば、「敗戦国日本は今後こう生きろ」というグランドルール（大原則）のようなものだ。

これは占領初期、主にマッカーサーの発想で作られたものだが、国際情勢の急激な変化に伴い、わずか数年でマッカーサー自身の考えも変わっていった。そして、日本にも変化への対応と自立が求められた。

しかし、日本人は、「敗戦レジーム」を逆手に取り、アメリカという用心棒の庇護下《ひごか》で独自の繁栄を築こうとした。それは奇跡的な経済発展によって結実したように見えたが、二十一世紀も十六年が過ぎた今、日本は〝死に至る病〟に侵されている。

日本人は「敗戦レジーム」の枠内でしか思考できなくなり、どんなにひどい矛盾を抱えても、そこから抜け出せなくなってしまっているのだ。そしてまずいことに、そのことすらまるで自覚していない。

海外で長く学び、働いた私の目には、日本人は国際的に全く通用しない議論に、いたずらに時間を浪費しているように見える。「敗戦レジーム」という枠組みを壊して外に出ようとしないまま、目の前の現実に対応しようとするから、必然的に自己矛盾をきたしてしまうのだ。そのため、現実に有効な対応ができずにいる。このままでは、激変する国際情勢についてゆけず、大きな打撃を被《こうむ》ることになるだろう。

日本中の都市が焼き払われ、原爆をふたつも落とされても、滅びることなく復活した日本民族。その日本人が、七十年も前に占領軍によってはめ込まれた枠から自力で脱却できずに自壊していくとは、悲劇と呼ばずして何であろうか？

たった一度の敗戦の痛手から立ち直れず、二千六百年以上の歴史と伝統を持つ民族が滅びる。それこそが真の敗戦であり、日本人は敵に敗れたのではなく、自らの思考停止によって自滅したと歴史に刻まれることになるだろう。

「敗戦レジーム」について語りだせば、それだけで一冊の本が書ける。しかし、ここでは、「敗戦レジーム」を象徴する憲法九条と、集団的自衛権の問題について、「日本人が気付かない、海外から見た日本の実態」という観点から論じたい。

英語で読めば侮辱とわかる憲法九条

日本国憲法は占領軍によって押し付けられたものだからけしからん、自主憲法を制定すべきだと言う人は多いが、そのような人々でさえ、英語で書かれた日本国憲法がどんなに侮辱的であるか認識している人は少ない。日本国憲法がそもそも、占領軍によって英語でドラフトされたものだという事実さえ、多くの日本人は忘れている。

私自身意識していなかったから、偉そうなことは言えない。しかし、ある日たまたま憲法九条を英語で読んだとき、「ああ、そうだったのか!」と背筋に冷たいものが走った。

> 九条第二項
> 「**前項の目的を達するため、陸海空軍その他の戦力は、これを保持しない。**国の交戦権は、**これを認めない**」

日本語で読むと、あたかも主権を持つ国民が高らかに宣言しているかのような印象を受ける。しかし、私は「国の交戦権はこれを認めない」の英訳を見て、衝撃を受けた。

The right of belligerency of the state will not be recognized.

日頃、英語で仕事する人間の感覚で読めば、これは間違いなく「上から目線」で書かれている。この文は本来、次のように続くはずのものだ。

The right of belligerency of the state will not be recognized by the United States of America.

アメリカ様、すなわち、占領軍が認めない、と言っているのである。

この直感的理解を確認するため、私は九条の元となっている、マッカーサーノートの原文英語版を探した。マッカーサーノートとは、GHQ民政局が日本国憲法を起草することが決まった昭和二十一年二月、作業にあたる民政局職員二十五名に対してマッカーサーが示した三原則のことだ。原則の二つ目である戦争放棄がほとんどそのまま九条になった（一つ目は天皇制護持、三つ目は封建制《ほうけんせい》廃止）。その原文を確認すれば、私の直感が正しいか、はっきりするはずだ。

マッカーサーノート第二項——戦争放棄

War as a sovereign right of the nation is abolished. Japan renounces it as an instrumentality for settling its disputes and even for preserving its own security. It relies upon the higher ideas which are now stirring the world for its defense and its protection. No Japanese Army, Navy or Air Force will ever ***be authorized*** and no rights of belligerency will ever ***be conferred*** upon any Japanese force.

（訳）国権の発動たる戦争は、廃止する。日本は、紛争解決のための手段としての戦争、さらに、自己の安全を保持するための手段としての戦争をも、放棄する。日本は、その防衛と保護を、今や世界を動かしつつある崇高《すうこう》な理想に委《ゆだ》ねる。日本が陸海空軍を保持することは将来も**許可されることはなく**、交戦権は日本の如何なる部隊にも**与えられることはない**。

予想以上の侮辱的表現であった。露骨に、再軍備は許可（authorize）しない、自らを守るための交戦権も与えない、と命令口調で言っているのである。

私の耳にマッカーサーの声が聞こえてきた。

「せっかく自主的に憲法を作る機会を与えてやった、余の意向を全く酌《く》むことができない愚かな日本人よ。近衛《このえ》は戦犯にしてやった。なにが松本案だ。封建的な明治帝国憲法と変わらないではないか。仕方がないから余が示す指針に従うがよい。天皇制は残してやろう。統治に必要だからな。だが、お前たちの再軍備は絶対に許可しない。たとえ自衛のためであっても戦争をしてはならぬ。他国の善意を信じて、丸腰で生きるがよい。お前たちさえ戦争を起こさなければ、世界は平和なのだ。当然、日本のいかなる組織に対しても、交戦権を与えることはないと知れ！」

これが、多くの日本人が「宝」だと信じている九条の本質だ。明らかに自衛隊も集団的自衛権も違憲だ。国家として自然の権利である自衛権を完全に否定されているのだから、当然である。

憲法解釈を巡る難しい議論に膨大《ぼうだい》な時間を費やす必要も、最高裁の判断に委ねる必要も全くない。もちろん、民政局職員もこれが滅茶苦茶で非現実的だとわかっていたから、いわゆる芦田修正（第九条二項の冒頭に「前項の目的を達するため」を芦田均が挿入した）もあっさり受け入れたが、マッカーサーの意向に逆らうことは不可能だった。

しかし、そのマッカーサーが昭和二十五年、朝鮮戦争勃発《ぼっぱつ》直前に、突如として解釈を一八〇度転換し、「九条は自衛権を否定するものではない」と発言する。日本政府はさぞ当惑したろうが、同年、ＧＨＱの要請で警察予備隊が創設され、事実上の再軍備が始まる。マッカーサーが日本の自衛権を認めたのだから、この瞬間から自衛隊は合憲と解釈されて然《しか》るべきだった。ことほど左様に、九条とはマッカーサーの日本人に対するフラストレーションと侮蔑《ぶべつ》に始まり、状況の変化によってわずか四年で解釈が一八〇度変わった、いい加減な代物《しろもの》なのである。

日本人はこのような侮蔑に甘んじてはいけない。これは右も左も関係なく、イデオロギーの問題ではない。日本人は民族としてのプライドにかけて、自分たちの手で矛盾のない憲法を作るべきなのだ。

少なくとも九条は、自国の独立と存続に矛盾をきたさないよう改正しなくてはならない。こんな状態で立憲主義を論じても意味がない。

自衛隊という近代的な軍隊を警察予備隊の延長として保有し、日米安保条約という軍事同盟が存在し、核兵器搭載が可能な艦船が寄港する。そして、毎年五千億円以上の膨大な血税（在日米軍関係経費――平成二十九年度予算は五千八百七十五億円）を払って、文字どおり米軍に駐留していただき、国内に八十カ所以上の米軍専用基地を提供させていただいている。これは、日本が自ら望んで占領状態を継続してもらっていることを意味する。

にもかかわらず、多くの国民はこの事実を無視して、マッカーサーの再軍備禁止命令にすぎない九条を「日本の宝」と崇《あが》め、九条のおかげで日本が平和だと信じている。アメリカの核の傘に間借りし、重武装の兵士の後ろに隠れながら、「自ら武器を捨てることが平和を実現すると思います」などと恥じることなく口走っているのが、日本人である。

これは平和ボケを通り越した欺瞞《ぎまん》に他ならない。なんと悲しくも滑稽《こっけい》な国民だろうか。この堕落こそが、真の敗戦の証であると言っても過言ではないだろう。私には草葉の陰のマッカーサーのつぶやきが聞こえる。

「日本人よ、君たちはやっぱり精神年齢が十二歳だったんだなあ。自分たちが攻めていかない限り戦争は起こらないと思っているのか。確かにそう言ったのはこの私だが、七十年も経って情勢の変化を認識できないなんて、私でも想像できなかった」

そして母性本能しか残らなかった

次章以下に論じる、中韓反日団体によるオーストラリアでの慰安婦像設置の動きが顕在化したとき、私はまず、既存の日本人会や日本人クラブに対応を打診した。しかし、駐在員中心の日本人会も、永住者中心の日本人クラブも、下を向いて言い訳するばかりだった。

「私たちは、親睦だけを目的とした会なんです」「政治的なことには関与できないんです」「メンバーには韓国人も中国人もいらっしゃいますから」などなど。

あげくの果てには、「日本人の子供が苛《いじ》められるなんて、表面的な問題に過ぎない」と言い放った代表者もいた。これには私も怒りを隠せなかった。なぜならば、私がこの問題に関与すると決意したのは、何よりも日本人の母親と子供たちを守るためだったからだ。

日本人会や日本人クラブが、もともと親睦を目的にして結成されていることなどわかりきっている。想定しない事態が起こってしまったのだから、どう対応するか、頭を使って考えなくてはならない。有志による別組織を作るのも一案だろう。しかし、彼らは下を向いたまま、思考停止に陥《おちい》っている様子だった。

結局、勇気を振り絞って立ち上がったのは、子供たちを守る決意を持った地元の母親たちだった。さらに、その彼女たちを守ろうと立ち上がったのは、日本人会でも日本人クラブでもなく、彼女たちを愛する白人男性たちだったのである。

豪州における慰安婦像設置阻止は、子供を守るために立ち上がった日本人の母親たちと、彼女たちを守ろうとする白人男性なくしては成り立たない活動だったのだ。この現実を我々日本人は重く受け止めなくてはならない。私はそれらの人々を束ねる、全く新しい団体ＪＣＮ（Japan Community Network）を立ち上げることにした（のちにＡＪＣＮ〝Australia-Japan Community Network〟に変更）。だから、これは日本人だけの会ではないのである。

戦後七十年。安全保障について考えることを疎《うと》んじ、自己防衛すらできないほどに堕落した日本人に残されたのは、もはや「子供を守ろうという母性本能」だけだったということだ。憲法九条とともに歩んだ戦後は、日本人から「自国を守る」「家族を守る」という最も根源的な本能を奪ってしまった。この現実に、改憲派の人々さえ十分に気付いていないだろう。

座標軸が極端な左にある日本

憲法を巡る日本国内の議論は、外国人には理解しがたいものである。本来、議論の焦点は以下のようであるはずだ。

〈改憲派〉占領軍によって憲法が起草されるということは本来あってはならない。独立を回復したら、自主憲法を制定するのが当然である。また、時代を経て問題も多くなっているので、少なくとも大幅に書き換えるべきである。

〈護憲派〉占領軍によって起草されたのは遺憾だが、現行憲法下で多くの法律が施行されており、憲法を入れ替えるのは現実的ではない。前文や九条など、明らかに問題がある個所の修正に留めるべきである。

つまり、「憲法九条第二項だけ変えればよい」と主張する人は、かなり頑迷な護憲派ということになる。まして、第三項を加えるなどというのは、完全な護憲派だと言っていいだろう。

ところが、驚くべきことに日本では、「頑迷な護憲派」が「右翼」と呼ばれてしまうのである。日本人の議論の座標軸がどれほど左にずれているかわかる。「一字一句変えるべきではない」と主張する人は、よほど無責任な夢想家でなければ、日本を滅ぼしたいという意図を隠し持っているとしか思えない。それぐらい日本人の感覚は異常なのだ。

集団的自衛権を巡る自己矛盾に気付かない日本人

いわゆる安保法制を巡る国会での論議で、国会に呼ばれた憲法学者たちが次々と「集団的自衛権の行使は違憲」と発言し、大混乱に陥ったのは記憶に新しい。傍《はた》で見ていて心底呆れたが、これこそ、「敗戦レジーム」の象徴的な発露である。

これほど無意味な議論も珍しい。結論から言えば、日本はサンフランシスコ講和条約による独立と同時に、個別と集団的自衛権を保持し、なおかつ、その両方を行使して今日に至っているのである。今更《いまさら》合憲か違憲かを議論するのは全く無意味である。

一九五一年に署名された平和条約であるサンフランシスコ講和条約には、下記の文言《もんごん》がある。

連合国は、日本が主権国として国連憲章第51条に掲げる個別的自衛権または集団的自衛権を有すること、日本が集団的安全保障取り決めを自発的に締結できることを承認する（第五条(c)）

独立を回復することとは、すなわち自衛権を回復することと同義だ。自衛権なき独立はあり得ないからである。そして、自衛権は必然的に個別的自衛権と集団的自衛権の両方を含む。これらのふたつの概念は相互に関連して重なり合い、完全に峻別《しゅんべつ》することはできない。重要なことは、連合国（戦勝国グループ）は日本に対し、「自衛権を回復して独立していいよ」とは言っても、「あなたの国の憲法九条と明確に矛盾するから、書き換えたほうがいいですよ」とは言ってくれないことである。

日本国憲法がGHQの押し付けだったとしても、すでに日本国の憲法になっている以上、矛盾の解消はあくまでも日本人の問題であり、余計なことを言えば内政干渉にあたる。はっきり言えば、アメリカ人を含めた誰もが、「日本人は誇りを取り戻して自主的に憲法を改定するなり、新たに自主憲法を制定するだろう」と考えたはずだ。それが世界の常識だ。まさか、一字一句変えないで後生大事にするとは、マッカーサーも含めて誰も想像しなかっただろう。ＧＨＱが起草した日本国憲法は、あくまで占領期の暫定的なものであり、教育的指導に過ぎないことは誰の目にも明らかだったのだ。日本人の目以外には。

しかし、既知のとおり、吉田首相はこの矛盾を解消することなく、サンフランシスコ講和条約と同時に日米安保条約に署名した。

「安保闘争世代」の方々に「安保条約の前文だけでも読んだことがあるか」と訊いて、読んだという人に会ったことがない。一九五一年の安保条約前文には次のように書いてある。

> 平和条約は、日本国が主権国として集団的安全保障取極を締結する権利を有することを承認し、さらに、国際連合憲章は、すべての国が個別的及び集団的自衛の固有の権利を有することを承認している。
> これらの権利の行使として、日本国は、その防衛のための暫定措置として、日本国に対する武力攻撃を阻止するため日本国内及びその附近にアメリカ合衆国がその軍隊を維持することを希望する。

すなわち、「日本国憲法になんと書いてあろうが」、サンフランシスコ講和条約（平和条約）によって主権を回復した日本は、固有の権利である集団的自衛権を含む自衛権を回復し、なおかつ、その集団的自衛権を行使して日米安保条約を締結したのだ。オリジナルの英文ではこのように記述されている。

> The Treaty of Peace recognizes that Japan as a sovereign nation has the right to enter into collective security arrangements, and further, the Charter of the United Nations recognizes that all nations possess an inherent right of individual and collective self-defense.
> In exercise of these rights, Japan desires, as a provisional arrangement for its defense, that the United States of America should maintain armed forces of its own in and about Japan so as to deter armed attack upon Japan.

Collective self-defense（集団的自衛権）と明記されている他、provisional arrangement（暫定処置）と書いてあることから、日本が自前の自衛能力を築くまでの保護として米軍の駐留を希望するもの、と解釈できる。

この本質は、一九六〇年の岸内閣における改定時も変わらない。改訂版安保条約の前文にはこうある。

日本国及びアメリカ合衆国は、両国の間に伝統的に存在する平和及び友好の関係を強化し、並びに民主主義の諸原則、個人の自由及び法の支配を擁護することを希望し、また、両国の間の一層緊密な経済的協力を促進し、並びにそれぞれの国における経済的安定及び福祉の条件を助長することを希望し、**両国が国際連合憲章に定める個別的又は集団的自衛の固有の権利を有していることを確認し、**両国が極東における国際の平和及び安全の維持に共通の関心を有することを考慮し、相互協力及び安全保障条約を締結することを決意し、よって、次のとおり協定する。

（英文）

Japan and the United States of America, desiring to strengthen the bonds of peace and friendship traditionally existing between them, and to uphold the principles of democracy, individual liberty, and the rule of law, desiring further to encourage closer economic cooperation between them and to promote conditions of economic stability and wellbeing in their countries , reaffirming their faith in the purposes and principles of the Charter of the United Nations, and their desire to live in peace with all peoples and all governments, recognizing that they have the inherent right of individual or collective self-defense as affirmed in the Charter of United Nations, considering that they have a common concern in the maintenance of international peace and security in the Far East, Having resolved to conclude a treaty of mutual cooperation and security, therefore agree as follows: "the inherent right of individual or collective self-defense as affirmed in the Charter of United Nations"

この表現から、個別的自衛権および集団的自衛権が、国連憲章で確認されていると同時に、国家の固有の権利であると謳《うた》っていることがわかる。日本は戦後の独立と同時に集団的自衛権を含む自衛権を回復し、かつ、同時に行使してきたのである。この厳然たる事実の前に、今になって集団的自衛権の行使が憲法違反だと主張するのは欺瞞であり、無責任も甚《はなは》だしい。その意味では、日本政府の解釈も現実を無視するものだ。日本政府の見解をまとめると、おおむね次のようになる。

サンフランシスコ講和会議条約では日本の個別的自衛権と集団的自衛権を有することが認められ、再軍備が始められた。それは日本国憲法と矛盾するが、「専守防衛」に徹することは憲法には反しないという「解釈」がなされた。しかし、「集団的自衛権」は専守防衛から外れることが想定されるので、「日本は集団的自衛権は有しているが憲法の制約があるので行使はできない」という論法が政府の公式見解とされることになった。

日本国憲法を現実に即して改正するのではなく、無理やり解釈をねじまげて説明しようとして、さらなる自己矛盾に陥っている。何度も繰り返すが、日本はとっくに集団的自衛権を行使しているのであって、それを否定するなら日米安保条約を破棄しなくてはならない。それどころか日本人は、尖閣《せんかく》諸島が日米安保条約の適用範囲内だと米国政府の要人に発言してもらっては手を叩いて喜んでいる。この自己矛盾をなぜ自覚しないのか?

日本人は、自国を守るための集団的自衛権行使は歓迎だが、米国に追従《ついじゅう》して自国の直接的防衛を越えた戦争に参加させられるのは絶対に嫌だと、恐れているのだ。

吉田茂とその後継者は、国防という国家の最も根源的な責務に米軍を可能な限り利用すると同時に、対外的ないかなる戦争参加も避けて経済的繁栄を追求する、という戦略に出た。つまり、自分に都合がいい所だけ利用する戦法だ。事実、日本を倒したあとで共産主義の脅威に直面した米国は、日本に対する方針を一八〇度転換させて、「対等なパートナーと見做《みな》すから一緒に共産主義と戦ってくれ」と再三要請し、核兵器の保持容認までにおわせる。しかし日本は憲法の制約を盾に、断り続けた。

マイケル・シャラー『「日米関係」とは何だったのか』（草思社）によれば、一九六二年十二月、ケネディ大統領は第二回日米貿易経済合同委員会において「今日、われわれが直面している重要な問題は中国における共産軍の増大であり、いかにしてアジアの共産主義の拡張を抑えるか、である。**われわれは共産主義のアジア支配を阻止するためにどんな役割を果たすことができるか**」と日本側に意見を求めたが、武内龍次《りゅうじ》外務次官が**「日本は中国と二度にわたって戦ったが、日本人の大部分は自分たちを侵略者だと思っている」**と答えただけであったという。

すでに一九六〇年代初頭から、中国の軍拡は現実的脅威だったのだ。しかし、日本は、日米安保条約で米国に守ってほしいが、自分たちは専守防衛の名の下に積極的に行動したくないと考え、あたかも集団的自衛権の行使は憲法上許されないかのようなふりを続けてきた。

もし日本が、どれほど矛盾していても、ただの一人も戦死者を出さないことを自国の基本政策とし、自覚的にあえて矛盾した解釈を続けているのなら、まだ理解できる。

しかし、長い年月を経るうちに、独立と同時に集団的自衛権を根拠とする安保条約を結んだことすら忘れ、集団的自衛権の行使は違憲で、安保法制は戦争法案だと騒ぎ、その舌の根も乾かぬうちに尖閣諸島が（集団的自衛権の行使である）日米安保条約の適用範囲だと聞いて胸をなでおろす。このような甚だしい自己矛盾に陥ってしまっているのである。

一般国民だけではない。国会に招致された憲法学者がなんと発言したか。

「我々は字面《じづら》に拘泥《こうでい》するのが仕事でありまして、それが現実の政治家の必要とぶつかったら、それはそちらで調整なさってください。我々に決定権があるなんてさらさら思ってもいません。問われたから、我々の流儀でお答えしたまでのことでございます」小林節《せつ》慶應大学名誉教授（衆議院特別委員会議事録、二〇一五年六月二十二日）

日本人は長く、自分たちが攻めていかない限り、戦争は起こらないと思い込んできた。自分たちが侵略されるなんて、夢想だにしなかったのである。それが、覇権主義を隠さない隣国によって侵略される危機が現実となって、またもや、根本的な矛盾を解決せずに解釈だけ変更して対応しようとした。

その際に求めた憲法学者のアドバイスが、「憲法の字面どおりに解釈すれば違憲です」だとは。そんなことは一九五一年に明らかだったではないか。敗戦時にはめ込まれたフレームワーク（敗戦レジーム）から一歩も脱出できないまま、危機的事態に対応できずに無駄に時間を費やしている。

この国はどこへ行こうとしているのか

二〇一六年十月二十七日の国連総会の委員会で、日本が「核兵器禁止条約」に向けた決議に反対したことを受けて、世界的な俳優の渡辺謙氏が同月二十九日、自身のツイッターで憤《いきどお》りを表明したと報じられた（ハフィントンポスト日本版、二〇一六年十月二十九日）。渡辺氏はこうツイートしたという。

> 核兵器禁止条約に日本が「反対」という信じられないニュースが流れました。いったいどうやってこの地球から無用な兵器を無くしていくつもりなのか？　核を持つ国に追従するだけで意見は無いのか。原爆だけでなく、原発でも核の恐ろしさを体験したこの国はどこへ行こうとしているのか、何を発信したいのか。

北朝鮮や中国の核兵器への抑止を米国の核兵器に依存しながら、「私たちは専守防衛です」と言って矛盾を感じない、現代の日本人。

「核兵器禁止条約」で米国の核戦力が低下したら、北朝鮮や中国の核戦力が相対的に強くなり、日本の危険度が増すから賛成できない、ただそれだけのことなのに、その現実から目をそらして、それこそこの国はいったいどこへ行こうとしているのか？　私は問いたい。

広島、長崎にふたつも原子爆弾を投下したトルーマンは日本人を嫌悪していたという。日本人を人間と見做していなかったのだ。原爆投下の背景には間違いなく激しい人種差別が存在する。

そして、占領軍は当初、日本国憲法を起草して、日本を徹底的に見下し、弱体化しようとした。しかし、日本人は条文に込められた侮辱を感じ取ることができない。

それどころか、占領軍によってはめ込まれた「敗戦レジーム」の内側でしか思考することができず、激変する国際情勢に対応できないまま、次なる敗戦を迎えようとしている。

今、その楔《くさび》を断ち切って、「敗戦レジーム」の殻を破り、自分の頭で考え、自分で決断することが求められている。

自立なくして生存なし。それが日本人の直面する現実だ。

「日本よ生きろ！」そう心から叫びたい。

第一部
オーストラリア発・慰安婦像設置をこうやって阻止した

第一章　慰安婦像反対のレトリック

〝反論しない日本人〟のイメージを覆す

私は韓国人が目を丸くして驚嘆している光景を何度か見たことがある。予想しない事態に遭遇して、心底驚いた、という顔だ。

それは、彼らが日本人に堂々と反論された時だ。日本人は反論しない、歴史問題で責められれば黙って下を向く――韓国人や中国人はそう思い込んでいる。だから日本人が冷静に、論理的に反論してくることは、彼らにとって驚天動地の事態なのだ。

二〇一五年八月に豪州における慰安婦像設置を阻止したJCNの活動は、そんな体験のうちのひとつだった。この運動は、アメリカ各地での韓国系団体などによる慰安婦像やモニュメント建立《こんりゅう》の動きが、二〇一四年、オーストラリアに飛び火してきたものだった。

四月一日、シドニー郊外のストラスフィールド市議会において、像設置に関する公聴会が開催されることとなった。私が公聴会開催の動きを知ったのはその前日である。三月

日本よ、もう謝るな！

三十一日の仕事中、パソコンに一通のメールが届いた。シドニー郊外のストラスフィールド市に住む、匿名の日本人女性からのメッセージだった。

「日本人の皆さん、明日の午後六時、市庁舎に集まってください！　公聴会が開かれます！」

「とうとう来たのか」――メールの拡散主にメッセージを送った。

「このメッセージを書いた女性に私の電話番号を伝えて、すぐに連絡をくれるようお願いしてください」

メッセージを書いたのは、地元の日本人の母親だった。

公聴会で誰がスピーチするというのか？　準備はできているのか？

しばらくして、メッセージの主の友人というオーストラリア人男性から私の携帯に電話が入った。

私「明日、公聴会でスピーチする必要があるんだって？　準備は？」

男性「できていない。何か意見はあるかい？」

私は持論を述べた。

「相手はいつもどおり歴史問題で日本を糾弾してくるだろう。しかし、相手の土俵に上がって反論すべきではない。事実関係がどうであれ、そんな問題をローカルコミュニティに持ち込んだらダメだという原則論を一貫して主張すべきだ。君のような地元のオーストラリア人が発言してくれたら説得力があるんだが」

男性「同感だ。そういうことを主張するのに最適な友人がいる。アメリカ人だけど、夫婦でチャリティに熱心なクリスチャンだ」

そこで彼の声が、少し不安気になった。

「でも、公聴会は明日だ。どうしたらいいと思う？」

私はためらわずに言った。

「今夜、きみの友達をみんな集めてくれ。母親たちもみんな、できるだけの人数を」

その夜、見ず知らずの日本人、オーストラリア人、アメリカ人が十人弱集まった。自己紹介する暇もなかった。数時間でスピーチの準備をしなくてはならない。地元の日本人男性の言葉は衝撃的だった。

「明日出向いても、どうすることもできないんです。なにしろ、この地区に住む日本人は、子どもまで含めて七十人程度、中韓は合計で一万人以上いるんですから」

七十人対一万人の差は確かに大きい。だが私は咄嗟《とっさ》に「マイノリティだから負けるとは限りませんよ。マイノリティにはマイノリティの戦い方があるはずです」と自分自身を鼓舞するように答えた。

四対四のスピーチ対決の結果は……!?

とにかく、スピーチの順番と構成を着々と進めなければならない。先頭打者はオーストラリアで生まれ育った日本人大学生。二番手は私に電話をくれたオーストラリア人男性、三番手に慈善活動に熱心なアメリカ人男性、そしてもし、四枠目があったら、私が自分で立つ。そう決めた。

見ず知らずの人々とともに作業をする、奇妙に充実した数時間が過ぎる。ここでも自己紹介する余裕はなかった。

明けて四月一日。私は平静を装っていつもどおり仕事をし、定時の午後五時きっかりに会社を出ると車に飛び乗った。

ストラスフィールドは人口四万人弱。うち、中国韓国系住民が約三〇%を占める。夕暮れに白壁が浮かび上がる市庁舎の周囲に、何やら楽しげなお祭り騒ぎの一団がいた。中高年の中国人・韓国人男性の群れだ。すでに戦勝ムードで歓談している。三人のお地蔵さんのような銅像の絵を掲げて記念撮影に興じているグループもある。普段は接することのないタイプの人々で、七十~八十人はいるようだ。

日本側もメールの拡散が効いたのか、主に女性が三十人ほど集まっている。

私の頭のなかは、公聴会が始まるまで、いかに素早くメンバーの原稿をチェックするかでいっぱいだった。市庁舎の外に立ったまま、中韓団体の喧騒《けんそう》を背に各人の原稿に目を通す。どれもよく書けている。打ち合わせどおりだ。考えてみれば、私以外の三人は西洋社会で幼少期から教育を受けている。スピーチは得意だろう。英語もネイティブだ。

やがて公会堂の扉が開かれた。聴衆用のパイプ椅子が並び、正面には市長を中心として左右に三人ずつ市議が座り、向かい合う位置には、発言者用のマイクが一本置かれている。日本とは違い、市長は市議のなかから互選で選ばれる仕組みで、実は市議でもある。

市の事務方職員がやってきて、発言予定者の名前を書くように言う。四枠あるので、最後に、相手の主張を踏まえて私がまとめの反論をしよう。中韓団体は北米での活動組織と連携しているはずだ。何か変化球を投げてくるに違いない。

感情に支配されることなく、コミュニティの融和を説く

スピーチ合戦が始まった。

トップバッターは韓国人の中年男性。アクセントが強すぎて何を言っているのかわからない。とにかく《日本はひどい、安倍は悪い奴だ》とまくしたてているようだ。制限時間のベルが鳴っても、終わる気配がない。市長が手振りで「話をまとめてくれ」と合図する。

これは最初から荒れ模様か。

日本側の一番手は大学生。日本でいう芸大生だ。爽やかな青年である。この慰安婦像問題が勃発《ぼっぱつ》してから、彼の友人が学校で中韓系の同級生や講師から差別されるようになったという。こんなことでは、大好きな豪州が誇る多文化主義が崩壊してしまうのではないか、と懸念を表明した。

相手側の二番手は中国人のようだ。彼のスピーチもまた聞き取りにくい。手元の長い原稿を読み上げているが、「日本はひどい国だから、慰安婦像がすでに複数立つ北米のように建てさせてくれ」と哀願調だ。どうやら時間内に原稿を読み切れなかったようである。

こちらの二番手は私と電話で話した豪州人。「このような銅像は、国の反差別法に抵触し、そもそも市のモニュメントポリシーに明確に違反している」ことを指摘した。市のモニュメントポリシーには「いかなるモニュメントも市に直接関連したものでなくてはならない」と明記してあるのだ。

中韓側の三番手は特別ゲストである。インドネシアで発生したスマラン事件の被害者であり、本も出版しているオヘルネ氏。豪州人と結婚してアデレードに住んでいるとは知らなかった。その娘が代理でスピーチしたのだ。英語がネイティブなので、やっと理解できてほっとした。《日本人はあんなにひどいことをして、なぜ謝らないのか。豪州政府もラッド首相（労働党政権当時）がアボリジニーに“Sorry”と謝罪したではないか》という論調だったが、なぜ日本政府が謝罪していないという前提に立つのだろう、よく理解できなかった。

こちらの三番手は米国人男性。ストラスフィールドに二十二年も住み、チャリティ事業で地元に貢献してきた。夫人は市の Woman of the Year に選ばれたことがあるという。その彼にしてみれば、慰安婦像はコミュニティを分断し、夫婦して行政とともに築いてきた地域の融和を破壊してしまうもので看過できない。また、昔のことより現在の豪州社会が直面している、性犯罪を含む深刻な課題にこそ集中すべきだ、と述べた。

そして、相手の最終話者。先ほど外で見かけた、お地蔵さんが三つ並んだ絵を描いた画用紙を掲げている。「私たちは日系住民を責めているのではありません。これは韓国人、中国人、豪州人の慰安婦三姉妹です。この銅像を駅前に建てれば、観光名所となることでしょう」と訴えた。お地蔵さんかと思ったら、慰安婦三姉妹だったとは。むりやりオーストラリア人を入れたのは、そうすれば反発をかわせると判断したのかもしれない。

そして公聴会最後のスピーカー、私の番となった。

相手のスピーチは聞き取れない部分も多かったが、言いたいことはほぼわかった。

私は原稿の代わりに、日系無料情報誌を手にした。掲載されている中韓団体の取材記事が、問題の本質を顕《あきら》かにしている。私は可能な限り穏やかに話し始めた。

「歴史の学び方はいろいろありますが、こんなやり方は感心しません。私たちはいつでも、中韓コミュニティの方々と歴史について語り合う用意があります。しかし、慰安婦像を建てる真の目的は何でしょう。この新聞のインタビュー記事にはっきりと書いてあるようです。慰安婦像設置推進団体の代表の方が、明言していますね。〝慰安婦像を建てる目的は、日本が昔も今もどんなにひどい国か、世間に知らしめるためだ〟と。その目的のために、全豪に十基の慰安婦像を建てるのが目標だと。この内容に間違いがないことを会長さんが承認しているとあります」

「アメリカでは慰安婦像が原因で、日系の子どもたちに対して差別やイジメが発生しているのですが、それについては『日本人特有の嘘だ』と言い切っています。こんなことが罷《まか》り通るのなら、私は決して自分の子どもをストラスフィールドの学校には行かせないでしょう」

「これは明らかに政治的な反日キャンペーンであり、慰安婦像はその象徴に過ぎないということです。慰安婦三姉妹と言っていますが、女性の人権をとりあげるならば、他の国の女性も含めなければ差別にあたるのではないのですか？」

「これまでのところ、ストラスフィールドは多文化主義が最も成功した町です。その評判を維持しなくてはなりません。慰安婦像によって分断された町として記憶されてはいけません。市議会の皆さんもきっとそう思うのではないでしょうか！」

そう言った途端、まるで測ったように時間終了のベルが鳴った。これは偶然である。日本人応援団の拍手を背に一礼して、私は席に戻った。これでスピーチ合戦は終わりだ。市議たちが協議のために別室に移った。

内容はこちらが凌駕《りょうが》していたと確信した。相手を貶《けな》したり、攻撃したりするのではなく、淡々と終始一貫、理を説いたのだ。我々は感情に支配されることなく、しかし、情感を持ってコミュニティの融和の大切さを訴え続けた。

ざわめく会場で四十五分が経過した。市議たちがやっと戻って来た。市長が静かに話し始めた。

「この問題は市で判断できる問題ではないので、州や連邦の大臣に意見を求めます」

一瞬意味がわからなかったので、近くに座るオーストラリア人に尋ねると、彼は腕を組みながら答えた。

「自分たちで判断せず、州や連邦に投げて、棚上げにするという意味さ」

却下しなかったのはおおいに不満である。しかし、とりあえず強行突破はされずに済んだ。九回裏十対〇から同点に追いついたのだ。市議会は明らかに我々のスピーチに軍配を上げたのだと思う。しかし、中韓団体のゴリ押しの政治力を考慮して、即時却下はできなかったのだろう。

中韓の応援団は皆、ポカンとしている。やがて事情が呑み込めると「信じられない」「こいつらは何者だ」という目でこちらを見つめてきた。日本側が毅然とした態度で反論した。そんなことは筋書きにはなかった、と顔に書いてある。

一方、こちらは見知らぬ人々から握手を求められた。親日派韓国人から握手を求められた仲間もいたらしい。

公聴会ではなんとか防戦したが、これからが本格的な戦いになるのは明らかだった。我々は依然としてお互いをよく知らぬまま、健闘を称えあって帰路についた。

今回、像設置に動いた反日団体「日本の戦争犯罪を糾弾する中韓連合」は、あくまでも慰安婦像設置に向けて活動を継続しようとしていることから、我々もその週末、公聴会参加のメンバーが集合し、既存の日本人会とは別に、慰安婦像設置阻止活動のためのグループを結成することになった。JCN（Japan Community Network）の誕生だった。

集まったメンバーは、地元の母親たち、スピーチに立ってくれたオーストラリア人、引退した日系企業の元駐在員など、こんなことでもなければ知り合うこともない、さまざまな背景をもつ面々だった。

国家とローカルコミュニティの「防衛二元論」

日米豪の一夜漬け混成チームで臨んだ公聴会でのスピーチは、切り口はさまざまながら、全体を貫く一本の芯があった。我々は「嫌韓、嫌中」に入り込まないよう心がけた。なぜなら、地元の母親たちは地域に溶け込んでおり、子どもたちは中国人や韓国人の友達とも遊んでいるからだ。

守るべきは、この地域共同体の融和と平和な生活であり、特定の政治的イデオロギーとは一線を画すよう努力した。日本人の母親たちは、韓国系から攻撃されている被害者の立場なのに、地域社会では波風を立てないように常に気を遣っている。そこまで気を遣う必要はないと思ったが、彼女たちの意向は最大限尊重されるべきだ。彼女たちが勇気を持って立ち上がらなければ、ＪＣＮが発足することもなく、慰安婦像設置はあっさり可決されていただろう。

公聴会のスピーチを組み立て、アンカーに立った私が、成り行きでこのＪＣＮの代表となった。最初の作業が「活動理念」を明確にすることだった。というのも、慰安婦像設置に反対する我々の意見に地元の市議会が賛同してくれるよう、活動のスタイルと理念を明確に定義して言語化し、皆の連帯を維持しなくてはならないからである。

最初に提示した理念は「非敵対的合理主義」である。

我々は公聴会でも、敵対的な言動は慎《つつし》み、感情的にならず、ひたすら論理的合理的な反論に終始した。簡単に言えば、ヘイトスピーチで敵をつくらない、ということだ。これがJCNの基本理念であり、その後の参加希望者もこの姿勢を貫ける方に限ることにした。

この理念を、英語では non-confrontational rationalism と定義し、欧米人メンバーと共有する。これは、中韓連合の挑発に乗らず、常により高次元の議論に徹する、という決意表明でもある。

次に、JCNの戦略の基盤となるのが、「防衛二元論」である。国家レベルの防衛と、コミュニティレベルの防衛は、当然、戦略が異なる。

国家レベルの防衛は、汚名を払拭《ふっしょく》して、名誉を取り戻すことが目的だ。沈黙もしくは「謝罪済み」と言って逃げるのは、国際社会では最悪の、不適切な対応である。この間違った対処を長年続けた結果、歪曲《わいきょく》された歴史が既成事実化してしまっているが、それを解消しなければならない。

慰安婦問題に関して言えば、これまで少なくとも三十年以上放置して、この事態に至ったのだから、目的を達成するのに三十年かかってもおかしくない。強力かつ地道に対外発信を続けるしかない。それが国家レベルの防衛だ。

一方、我々民間サイドによる、コミュニティレベルの防衛は、あくまでも目の前の慰安婦像設置を阻止し、地域の融和的共存を守ることが目的である。国家レベルとは目指すものが異なる。それをまず認識すべきだ。

公聴会での我々のスピーチは、切り口を変えながらも、全員がそこにぴったりと照準を合わせていた。我々の相手は常に日本を残虐非道と非難してくるから、つい「捏造《ねつぞう》だ!」と反論したくなるが、話し合ってわかり合える相手ではない。反論しても泥仕合《どろじあい》となり、相手は事実の検証など無視して、「無反省の歴史修正主義」などと声を荒らげるだろう。いわゆる歴史戦に深入りして、被告席から反論するような不利な状況に陥《おちい》ってはならない。

もちろん、歴史戦を戦う準備と覚悟は常に必要だから、継続的な勉強は必須ではあるが、基本は別次元の論点で優位に立てる議論を展開すべきだ。

具体的に言えば、我々は当初、オーストラリアの国是である「多文化主義の尊重」を掲げて論陣を張った。慰安婦問題をことさらにクローズアップし、特定の国家を非難するような活動は、オーストラリアの国是である「多文化主義の尊重」に反する、と批判したのだ。これは、我々が希求する嘘偽りのない主張である。他の民族とも連携できる永遠のテーマだ。

女性の人権とは無関係！　慰安婦像建立の本当の目的

だが我々は、中韓連合の攻撃のなかに、さらなるヒントを見出《みいだ》した。彼らは派手なパフォーマンスが好きだ。四月一日の公聴会で、我々は「慰安婦像の設置は、人道問題や人権問題ではなく、日本を非難するための政治活動だ」と指摘したのに、九月になって再度、韓国系メディアに以下の活動方針をぶち上げていた。

1．我々は、日本政府の安倍首相および政治家が靖國神社に参拝したことに強く抗議し、韓国と中国に謝罪することを要求する。
2．我々は、日本の軍国主義復活、歴史修正主義、慰安婦や南京大虐殺のような戦争犯罪を豪州人、および豪州在住の韓国系中国系の第二世代に伝えるため、展示会、フォーラム、セミナーなどを行う。
3．我々は、日本軍が朝鮮人、中国人、その他のアジアの若い女性を拉致《らち》して性奴隷にしたことを広く知らしめるために「三姉妹」の像を豪州に複数建立する。
4．我々は、世論を興し、日本政府に圧力をかけ、物言わぬ良心的日本人を目覚めさせ、日本が嘘の歴史を次世代に伝えることを阻止する。

5・我々は、アボット豪首相に、第二次世界大戦中、日本が侵略し、女性の基本的人権を蹂躙《じゅうりん》したことを認めるよう、日本がアジアのなかで最良の友人だという認識を変えるよう、要求する。

6・我々は、豪州政府に、日本を同盟国と見做《みな》すのをやめ、韓国と中国を日本と同等に待遇するよう、現在の日本重視の外交政策を変更することを要求する。

7・我々は米国政府に、日本に騙されずに、安倍の狡猾《こうかつ》な悪魔のような本音を直視し、日本が再び軍国主義に戻るのを阻止し、日本を韓国や中国より尊重する外交政策の転換を求める。

8・我々は、韓国と中国両国の利益のため、両国人民が共闘し、以上の目的が達成されるまで活動を続けることをここに宣言する。

実にわかりやすい人たちである。これなら誰が読んでも、彼らの真の目的は反日、反安倍であり、慰安婦像はその政治的道具に過ぎないことがはっきりしている。

当初は「慰安婦像は女性の人権の象徴で、敵対的なものではない」などと言っていたのに、ここでは「日本軍の残虐性を広く知らしめるのが目的だ」と明記している。これだけでも十分、慰安婦像がローカルコミュニティにふさわしくない代物《しろもの》だとわかる。ここまでは我々もすでに四月一日の公聴会の時点で指摘した。

そのうえ、この九月の記事ははっきりと、アボット豪首相に、日本をアジアにおける最良の友人と見做すことをやめさせる、と書いてある。それは日豪関係の分断ということだ。記事はさらに日米関係の分断にまで言及し、米国政府に、安倍の狡猾な悪魔のような本音を直視するよう求めるとしている。なぜ活動方針に、米国まで出てくるのか？

この反日団体の目的は、韓国人の慰安婦センチメントを利用し、「日豪・日米を分断し、日本を孤立させる」という中国共産党のアジェンダを遂行することだと自ら明かしていたのである。

韓国政府は、慰安婦問題で対日批判を繰り広げているが、中国共産党の嚙ませ犬として利用されていることに満足なのだろうか。中国および北朝鮮と対峙《たいじ》して日米と同盟を結んでいることを、韓国はすっかり忘れているようだ。

最近では米国国防総省も、中国共産党によるサイバー攻撃のみならず、対米宣伝工作の横行にも危機感を持ち始めていると聞く。オーストラリアでも最近、中国人留学生を使ったスパイネットワークが構築されていることが発覚し、衝撃が走った。

慰安婦像はどうみても、女性の人権の尊重とは無関係であり、オーストラリアの移民社会に分断と対立をもたらすとしか考えようがない。加えて、日豪関係や日米関係を分断破壊する目的の国際的謀略行為の道具とも見ることができる。

中韓連合の活動方針の最後には明確に「中韓の国家利益のために共闘する」と書いてあり、オーストラリアのためとは一言も言及していない。コミュニティの調和を破壊するだけでなく、オーストラリアの国益を損ねることは自明の理である。

したがって、これからの戦略として、中韓の仕掛けるこうした工作を、オーストラリアや米国で広く周知させ、米豪の国益に反すると認識させる活動を慰安婦像対策の中心戦略にすべきと考えた。

慰安婦像の建立問題は、韓国や中国共産党の国際的謀略活動にどう対処すべきか、という日米豪共通の問題である。日米豪三カ国が共闘することを視野に入れたパラダイムをつくることが、最も合理的な対応なのである。

外務省は邦人保護任務に傾注すべきだ

JCN第三の理念が「邦人保護優先論」である。

外務省は従来、「この問題を政治外交の問題とはしない」と発言してきた。これはどういう意味か。こちらがどう考えようと、相手は執拗《しつよう》に政治外交の問題にしているように見えるが、そう言い続けていれば中韓は慰安婦問題攻撃の矛《ほこ》を収めるとでもいうのだろうか？

我々は、地元の日本人母子たちを守るために立ち上がった。豪州人の副代表も「僕らの目的は、純粋に母親と子どもを護ることだ」と言っている。すなわち、慰安婦像問題には、根本的に邦人保護の要素があると理解すべきだ。いうまでもなく、在外邦人保護こそ外務省の最重要任務のひとつであり、存在理由と言ってもよいだろう。

その後、中丸啓《ひろむ》前衆議院議員（次世代の党＝当時）にお会いした際に、この観点をお話ししたら、早速、国会質疑で取り上げてくださった。その模様もネット上で動画として公開された。ＪＣＮメンバーは「ようやく日本の国会議員が、オーストラリアに在住する自分たちの安全を考えてくれた」と感激した。

第四の理念が「小異《しょうい》を捨てて大同《だいどう》につく」である。ＪＣＮは前述したように、多種多様な人々の集まりである。意見が違うのは当たり前だ。欧米人メンバーの間でさえ、意見の食い違いがよくある。しかし、共有する理念と大義があれば、ともに戦える。高次の目的のために、小さな差異を乗り越えて一致団結することが重要だ。

以上が、南半球で戦うＪＣＮの理念と戦略の紹介である。我々は平凡な母親と父親の集団であるが、右も左もなく、静かに、しかし合理的に戦っている。

だが日本国内では、この日本全体の問題が、リベラル左翼対保守という対立構造のなかで論じられ、慰安婦像に反対すると、右だとレッテルを貼る風潮がある。それは日本社会の病理だ。日本人全体がイデオロギーを超え、一丸となって日本の名誉のために戦わずして、どうやって海外で慰安婦像建立を阻止できるのか？

日本国内での論争も大変だが、海外では普通の母親やビジネスパーソンが日々、反日謀略組織の攻撃に曝《さら》されている実態がある。

海外各国での民間の戦いを組織化し、体系的で統一的な戦略を全世界で展開していくことができれば、我々の戦いは飛躍的に発展するだろう。そのためにも、我々ＪＣＮが、ひとつの参考モデルを提示できれば、まことに幸甚である。

第二章　オーストラリアから、日本人へのウェイクアップコール

突如浮上した慰安婦像設置計画

二〇一六年八月十一日、オーストラリア・シドニー近郊のストラスフィールド市で、中国や韓国系の団体が求めていた「日本軍慰安婦」像の設置計画案を、市議会が全会一致で否決した。

二〇一五年三月、突如として浮上した慰安婦像設置計画への賛否を問う市の公聴会のスピーチ合戦を、われわれＡＪＣＮ（Australia-Japan Community Network）が制し（当時はＪＣＮ。公聴会の前日夜に会ったばかりの見知らぬ者同士が、連携して設置反対のスピーチを行い、結成した）、計画の決定を先送りさせてから十六カ月。今回、否決が決まった翌日の地元紙には「民主主義の勝利」と否決を支持する見出しが躍った。この新聞をはじめ、ほとんどの地元メディアが当初、慰安婦像を設置すべきだという報道ぶりだったことを考えると、様変わりである。コミュニティの融和を軸に戦ってきた我々の主張が、全面的に受け入れ

られた証だ。

しかし、慰安婦像が、「いかなるモニュメントも市に直接関連したものでなくてはならない」と定められた市のモニュメントポリシー違反だったことは、最初からわかっていた。また、この問題がコミュニティを分断し、対立を生み出すこと、中国系や韓国系を含む非日系市民からも多くの反対の声が寄せられていたことも、市は昨年のうちに認めていた。なのになぜ、こんなにも長い時間が費やされなくてはならなかったのか？

中韓に取り込まれた市長

結論からいえば、それは、二〇一四年九月に市長となった自由党所属のジュリアン・バカリ氏が、中韓の反日団体（今回の像設置に動いた「日本の戦争犯罪を糾弾する中韓連合」）に有利になるように、とことん時間稼ぎをしたからだ。

実は、バカリ市長は「この問題は市のレベルを超えた国際問題であり、市民を分断してしまうことだとよく認識している」と発言している。にもかかわらず、二〇一五年三月に慰安婦像反対派のヘレン・マクルーカス市議会議員が「この問題が市に悪影響を及ぼしていることは明らかなので、さっさと片付けてしまおう」と動議を発した際、「もっと時間をかけて考慮する必要がある」との理由でさらなる先送りを主張し、慰安婦像設置の申請者で、利害関係者として投票できないはずの韓国系のサン・オク議員に投票を許可して否決に持ち込むことまでしている（これには我々が間髪《かんはつ》を容《い》れずに抗議し、当該議員は以降、本件に関する投票権を失った）。

さらに二〇一六年六月、慰安婦像に関する住民の意識調査を行う決定をした際にも、「慰安婦像に、女性に対する家庭内暴力反対の趣旨も加えよう」と、中韓の反日団体の戦術に沿った方向に誘導しようとし、反対派の議員から猛反発を受けて撤回する事態が起きた。中立を装っていたバカリ市長が、中韓側に傾いたことが暴露された瞬間だった。バカリ市長が市長に与えられたキャスティングボートを使えば、強行採決可能な状態が続いたが、さすがにそれはせず、時間稼ぎをして、好機到来を待つ作戦のようだった。

二〇一四年四月、当時のダニエル・ボット市長は、「この問題は市のレベルで判断できる問題ではない」として、州や連邦の大臣にアドバイスを求めた。上位者の誰か、特にアボット首相が「こんなものは止めろ」と言ってくれるのを期待したのだ。そうすれば、中韓の選挙民に言い訳ができる。

しかし、アボット首相、ビショップ外相をはじめ、全員が「これはあくまでも市の問題である」と逃げた。誰も火中の栗を拾いたくなかったのだ。この時点で「我々には判断できない政治的な問題だ」と破棄するべきだったが、それもできず、九月にバカリ市長へと交代。問題は迷走を続ける。誰もが「言い訳」を探していた。

最も良識的なマクルーカス議員は、早くから市民に賛否を問うアンケートの実施を主張していた。ストラスフィールド市民の多くは慰安婦像に反対だと確信していたからだ。

しかし、私は嫌な予感がしていた。アンケートの結果は質問の内容に大きく左右される。我々は質問内容をあらかじめ開示するよう再三市に求めたが、無視された。反対派の欧米人男性が直接バカリ市長に尋ねると、「アンケートで賛成が多数を占めたら慰安婦像を建てるつもりだ。調査がいつ始まるかは知らない」と答えたという報告があった。はたして悪い予感は的中する。

悪意ある電話調査、開示に伴い消された誘導質問

市内に住む、AJCN日本人メンバーの自宅に、調査会社から電話がかかってきたのはその直後だった。「慰安婦とは何のことか知っていますか?」と訊かれ「いや、よくわからない」と答えると、「日本軍は第二次世界大戦中、二十万人から三十六万人の女性を拉致《らち》して売春を強要しました。中国と韓国系コミュニティが慰安婦像を建てることを希望していますが、あなたは賛成ですか?」と質問され、男性が唖然《あぜん》としながら「反対です」と答えると、「なぜですか?」とさらに訊かれたという。ここまで露骨な誘導がなされたのには驚

いた。

ただちに、欧米人メンバーが市の行政サイドに抗議の電話を入れ、再度質問内容の開示を求めた。電話を受けた市の女性職員は「でも、本当の出来事なのよ！」と答えてメンバーを驚愕させた。市はこちらの再三の要求にしぶしぶ応じ、約束の期限に大幅に遅れながら質問内容を開示した。しかし、そこには前述の誘導質問や数字の記載は一切なかった。

メンバーがさらに質問すると、市のサーベイ責任者から、前述のバイアスがかかった説明内容が、反日組織から提供された、一方的な情報に基づくものであるとの回答を得た。

二回目のサーベイの内容として「この問題について判断すべきは、市、州、連邦のどのレベルの政府だと思いますか」という質問も追加されていた。

一週間ほど遅れて、別の日本人宅にも電話がかかってきた。この時の質問は、開示されたものに近かったという。慌てて説明と質問を差し替えた可能性がある。

中韓反日団体によるなりふり構わない攻勢と市長の思惑

七月七日、マクルーカス議員が再度、問題の決着を促《うなが》す動議を市議会に提出した。九月には市長改選が行われる。自分の任期中に解決すると公言していたバカリ市長もあとがない。八月十一日に特別会議を開催して表決することを全員一致で決めた。マクルーカス議員の動議はあくまでも慰安婦像設置の否決が目的であったが、反日団体はこれを最大の好機と捉《とら》え、なりふり構わない攻勢に出てきた。彼らはストラスフィールド駅前広場にテントを張り、ビラ配りなどのキャンペーンを開始した。

反日団体の戦略は明確だった。大きな横断幕に「Stop Violence against women during war time and peace time」（戦時と平時における女性への暴力に反対する）の文字がでかでかと躍る。その下に小さく「オーストラリアでは毎年五十五人以上の女性が家庭内暴力で殺されている。第二次世界大戦中には、二十万人以上の女性が、いわゆる慰安婦と呼ばれる性奴隷にされた」と書いてある。つまり、強引に慰安婦問題を今日の家庭内暴力に結び付け、女性の人権全般の問題にすり替えることで、幅広い支持を受けようという魂胆だ。そして、通行人に署名を求めるとともに、別のリーフレットを手渡す。そこには、スリーシスターズと名付けられた慰安婦像のスケッチが印刷されており、「第二次世界大戦中、二十万人以上のアジア人とオランダ人女性の人権が日本帝国陸軍によって侵害されました。この銅像を建てれば、このような悲劇の再発を抑止する一助となるでしょう」と書いてある。銅像の三姉妹は中国人、韓国人、豪州人女性のはずだが、そのことには一言も触れていない。

我々がモニターしていたシドニー韓国人会のホームページに、反日団体のリーダーの興奮したコメントが躍った。

「八月十一日は五対五のスピーチが行われることになった！　外部から虐殺の研究者や、女性の人権活動家を呼ぼう！」

この期《ご》に及んで、まだスピーチ合戦をするというのか？　明らかに、市議会の誰かが情報を流している。

ＡＪＣＮ副代表のダレンがバカリ市長に電話して状況を質《ただ》すと、市長は軽口を叩いた。

「スピーチは（賛成と反対）それぞれ四人ずつか、八人ずつか、それはわからない。外部からも歓迎だ。部外者が、どういう経緯で関心を持つようになったのか、それも聞きたいと思うよ。君、不安そうな声じゃないか？　心配することないさ、私もまだ賛否を決めてないんだ。当日決めるつもりさ！」

これでバカリ市長の目論見《もくろみ》がわかった。慰安婦問題を女性の人権問題にすり替える反日団体の方針は、住民の意識調査の実施を決めた際に市議会で否定されている。にもかかわらず、その方針に基づいた反日団体の駅前キャンペーンを黙認し、再度公聴会を開いたうえで、多人数のスピーカーの参加を許す。特に、人権活動家など、外部のスピーカーの参加を容認して、女性の人権問題にすり替えて可決を目指す。そうすれば、自分が強行採決しなくても、民主的な手続きを経たように見える。

私から市に対し、家庭内暴力に結び付けたキャンペーンは当初の趣旨と異なる欺瞞《ぎまん》であること、十六カ月を経て公聴会を開催することの矛盾、部外者の干渉を避けるためにアンケート調査を実施したのに、非居住者のスピーチを許すことの矛盾、などを指摘した手紙を送ったが、梨のつぶてであった。

カウンター・ナラティブを作れ！

メンバーからスピーチの準備を始めるべきだ、との声があがった。

「山岡さんの頭のなかには、構想ができあがっているんじゃないですか？」

私は答えた。

「スピーチには絶対の自信がある。しかし、このまま、相手が準備する戦場に出向いて戦うのは賢くありません。スピーチを聴いてから意思を決める議員はいないでしょう。決戦のポイントをずっと前に設定すべきです。まんまとその場で可決されたらそれで終わりではない、その後に新たな次元の戦いが継続されることを、市と市議会にしっかり認識させてから投票させるのです」

それはすなわち、カウンター・ナラティブ（Counter Narrative＝対抗する物語）を再構築するということだ。こちらがコミュニティの融和の大切さを訴えたのに対し、相手は、慰安婦問題を「家庭内暴力を含むすべての女性人権問題」にすり替える作戦に出てきた。それならば、こちらはさらに一歩踏み込んだナラティブ（物語）を用意して、相手の矛盾を露呈させるまでである。構想はあるが、決定的な証拠が欲しい。

そんなある日。元一部上場企業の海外事業統括だった江川純世事務局長は朝の三時半に突然目が覚め、何かに突き動かされたかのようにコンピュータに向かい、シドニー韓人会のサイトをくまなくチェックし始めた。これまで注視していなかった、ハングルで書かれた投稿記事を片っ端からグーグルで翻訳し、私に送り続けた。私は重要な箇所を韓国研究者に頼んで丹念に翻訳した。それらから反日団体リーダーの本音が、ものの見事に浮き出てきたので、紹介しよう。

「韓国の歴史は惨めだった。常に諸外国の侵略を受けたが、我々は抗する力もなく、団結もできなかった。この惨めな歴史ゆえに、我々は敵（日本人）を降伏させ、謝罪させるために戦う。韓国の悲しい歴史は我々の世代で終わる。そして、新しい、力強い、何万年も続く歴史が始まるのだ」

「この土地にも住む、日本人に我々は二度と敗れはしない。日本軍国主義の復活を夢見る安倍晋三に連なる、反省しない日本人を撃破し、女性の人権侵害の歴史に終止符を打つ。慰安婦として働いた、二十万人の哀れなうら若き女性たちの涙をぬぐい去るのだ」

もはや、日本の政権批判を飛び越えて、慰安婦像設置に反対する日系の地元住民までも「軍国主義復活を夢見る反省しない敵」として「撃破」を叫んでいる。ここに彼らの真の動機とメンタリティが露わになっていた。

さらに、反日団体による駅前キャンペーン開始当日、バカリ市長が、慰安婦像設置推進のパンフレットを掲げた反日団体代表と、日本食レストランで歓談している写真まで掲載されていた。市長は我々からのメールにも手紙にも一回も回答しなかったが、陰でこんなことをしていたのだ。バカリ市長のこのような一連の行為は、市議に対して適用される行動規定（Code of Conduct）に抵触する可能性がある。そして、反日団体リーダーのネットへの投稿は、法律で禁じられている他民族への誹謗《ひぼう》中傷に該当する。

もし、市側がこれらの事実を知りながら慰安婦像設置を許可したなら、その瞬間に市側はこれらの行為を容認したことになり、加害者に転じる。市への最後通牒《つうちょう》の作成をメンバーに託した。急いだのは、市に考える時間を与えるためだ。素晴らしく迅速な仕事だった。弁護士の力を借り、矢は深く静かに放たれた。それを見届けて、私は全メンバーに通告した。

「さあ、スピーチの準備をしましょう！」

市の責任回避と市議の自己保身

市の行政サイドの反応は想像以上に早かった。ほんの数日後に、Recommendation（提案）という形で市の認識を大々的に発表した。市のウェブサイトに掲載されたほか、地元紙の一面も飾り、最終面にはわざわざ日本語と韓国語の翻訳まで載せる徹底ぶりだった。慰安婦像設置が、いかに市のモニュメントポリシーに反しているか、十六項目に及んで詳述し、市民のアンケートでも三三％しか賛成していないと書いてある（三三％は多すぎる印象だ。誘導尋問の影響だろうか？　全く解説がないのも不自然だ）。したがって、市の行政サイドは、市議会に対し、これ以上慰安婦像について審議しないことを推奨するという結論になっている。

最後の最後に、市は身をひるがえした。慰安婦像設置が可決されて、法律に抵触する事態となっても、自分たちは一切責任を負わないと高らかに宣言したのだ。この状態で市議が慰安婦像設置に賛成票を投ずることは、政治的自殺行為に等しい。勝負はあった。結局、人を動かすのは正義や理念ではなく、保身だということだ。慰安婦像設置が市のポリシーに反することなど、最初からわかっていたではないか。江川事務局長が言った。

「これでも彼ら（反日団体）はやってくるでしょうか？」

私は答えた。

「必ずやってきますよ。何事もなかったかのようにね」

事実、会場は当日、日系約百人、中韓系ほか約二百人で満杯となった。

市は結局、四対四のスピーチ合戦になることを通告してきた。スピーチ希望者は当日の朝、公開抽選で選ばれるという。昨年と違い、時間的余裕があったので、我々はさまざまな角度から四つのスピーチを用意し、スピーカーを登録した。しかし、最後までドラマが残されていた。

八月十一日の朝九時半、江川事務局長から電話が入った。

「今、抽選が終わりました。ＡＪＣＮからひとりしか入りませんでした。あとの三人は外部の人たちです！」

なんと、慰安婦像設置反対派は、我々以外にも四人が応募していたのだ。対して中韓側は四人のみの応募で、そのまま決まったという。唯一、ＡＪＣＮから選ばれたのは、一番重要な地元オージーのダレンだったから、これは良かった。しかし、あとの三人が外部からの応募とは驚いた。

ブライアンという欧米人男性は、事前に独自に応募してもいいかとの問い合わせがあったので、想定内ではあった。もうひとりの日本人女性は完全に想定外だったが、幸い、連絡がついた。正義感から応募したが、まだ原稿は用意していないという。残る一人は謎の白人男性だったが、こちらも地元オージーのネットワークですぐに確認できた。なんと、ストラスフィールドに何十年も住む長老で、父親は元市長。敬虔《けいけん》なクリスチャンで、慰安婦像設置に心から反対しているという。天佑神助《てんゆうしんじょ》とでも言うべき援軍だ。

相手側のスピーカーについても即座に調査した。案の定、ユダヤ人のホロコースト研究者とギリシャ人のジェノサイド研究者が入っている。慰安婦問題をホロコーストやジェノサイドに結び付けようという魂胆が見え見えだ。あとの二人は、中国人と韓国人団体の代表らしい。

私は車を走らせてブライアンに会いに行った。彼のスピーチで、慰安婦問題はホロコーストとは全く類似性がないことを強調してくれるよう頼むためだ。彼は笑顔で快諾してくれた。

運命の特別会

午後六時三十分、市議会特別会が始まった。

日本側の第一スピーカーは偶然にもブライアンが選ばれた。多くのユダヤ人の命を救った杉原千畝《ちうね》の話を紹介し、次に控える中韓側のホロコースト研究者のスピーチを大幅に無効化した。

日本側の二番手は豪州人のダレン。ダレンは地元の父親として、全ての移民は豪州の価値観を受け入れ、自国のいざこざを持ち込むべきではないと主張し、反日団体は地元の中国人コミュニティを代表していない、という中国系住民の声を紹介した。

対する中韓側はジェノサイド研究者の大学講師。「慰安婦は売春婦ではなく、奴隷だった。河野洋平が認めた。イスラム国は少女に売春を強要しているので、慰安婦像はその象徴にもなる」と主張した。しかし、ストラスフィールドに建てる必然性は説明できなかった。

日本側の三番手はストラスフィールドの長老、ジェフ・ボイス氏。高齢ながら、絞り出すような声で毅然と言い放った。

「ここはオーストラリアだ。中国や韓国やアメリカの支店ではない。みな、オーストラリア人なのだ」

名スピーチだった。

次の中国系代表の男性は、中華系ビジネス団体を代表する名士のようだったが、戦争に関する男性の銅像はあるから、女性の銅像も作ろうという主張は新味のないものだった。

日本側のアンカーは想定外の日本人女性となった。彼女には、私が自分用に用意した原稿を託していた。私はあえて、この問題は中国が日米、日豪関係を分断するため、韓国の反日感情を利用して仕掛けている情報戦の一環であり、慰安婦像を建てることは豪州の安全保障に悪影響するという主張を入れておいた。彼女は英語が堪能で、堂々としたスピーチをしてくれた。おかげで翌日の新聞にはこの問題で初めて安全保障の観点が記載された。

そして韓国の最終兵器は、二十代前半と思《おぼ》しき容姿端麗な女性。ミニスカートに高さ十センチ以上ありそうなハイヒール。スピーカー席に着くなり、足を組んで、ペンで市議たちを指すようにしながら、強い韓国語アクセントで話し始めた。

「私みたいな、若い娘が強姦《ごうかん》されて殺されたりしちゃったのよね……わかる？　だから慰安婦像を建てたほうがいいのよ」

韓国側は、彼女を映画「氷の微笑」のシャロン・ストーンに見立てたのだろうか？

韓国系のサン・オク議員は、自ら利害関係者であると宣言して退場し、市長を含めた六人の全員一致で慰安婦像設置は否決された。バカリ市長は、何事もなかったかのように、淡々と否決に賛成した。見渡せば、会場に反日団体のリーダーの姿はなかった。

貫いた「非敵対的合理主義」

十六カ月にわたる長期戦を経て、当然すぎる帰結にたどり着いた。我々は、ＡＪＣＮという日豪混成チームを結成し、「中韓反日団体」対「全ての住民」という構図を作りあげた。そして、コミュニティのために戦い、コミュニティのために勝利した。地元オージーから元駐在員まで、見知らぬ同士だったさまざまな人々が最後まで一致団結して戦えたのは、相手がどんなに横暴で卑劣であろうとも、品格を保ち、理知的に行動し、コミュニティの平和と融和、そして、母親と子供たちを守るために戦うという設立理念（非敵対的合理主義）を堅持したからだ。この理念に共感する人しか参加しなかったので、分裂もなかった。また、それが対照的に反日団体の暴力性を浮き立たせることにつながり、良識ある市議会議員や一般市民の支持を得ることに成功した。我々は反日団体を論破しようなどとせず、良識の輪を広げることに注力していたのだ。

その一方で我々は、決して相手の土俵に上がって戦うことはしなかった。常にカウンター・ナラティブを創り出し、相手のオウンゴールを誘発した。非敵対的で紳士的であることは弱さを意味しない。逆に、アグレッション（攻撃性）は強さを意味しない。相手のアグレッションをそのまま利用して投げ返す合理性と戦略性こそが、強さの源泉となる。目的は慰安婦像を設置させないこと、その一点に集中し、多元的な論点を繰り出して、歴史認識論だけで防戦することはしなかった（防衛二元論）。

実のところ、私が最も労力を注いだのは論争ではなく、適材適所で多様な人材を適宜活用する組織運営だった。ＡＪＣＮの活動を補完するように外部の人材や団体からも協力を得た。慰安婦像設置案が全会一致で否決された夜、韓国系のサン・オク議員がメディアのインタビューに答えて言った。

「中韓の協業は素晴らしかったが、日本の組織的妨害に屈した」

我々に強力な組織も資金もありはしない。あるのは良識の輪と、各人が戦略に沿って長所と才能をフルに発揮する、緩やかなネットワークだけだ。

日本人へのウェイクアップコール

これは民主主義の勝利だろうか？　民主主義とは、自らの権利を守るために、戦う手段を提供するシステムのことだと学んだ。自存自衛の決意なき正義など、フェンスのない花畑のごとく、踏み荒らされてしまう宿命なのだと痛感した。相手の善意に自らの安全を託していたら、命がいくつあっても足りない。それが国際社会の現実なのだ。

八月十六日日曜日、これまで反日記事が多かった有力紙「シドニーモーニングヘラルド」に、慰安婦像設置が全会一致で否決されたこと、反日団体が如何に暴力的だったかが強調された記事が載った。潮目は変わった。やればできる。我々がシドニーモデルともいうべき手法で勝利したという報告は、南半球から全ての日本人に送るウェイクアップコールである。ご支援いただいた全ての方々に厚く御礼申し上げる。

第三章　なぜ韓国人は「慰安婦像」をむやみに設置したがるのか

それはコリアンファンタジー

二〇一五年末、安倍首相と朴槿恵《パククネ》大統領との間で交わされた慰安婦日韓合意以降、これまで平和だった豪州ブリスベンでも「水曜デモ」が始まった。日本領事館前に十数人の韓国系住民が立ち、「二十万人の女性が性奴隷にされた」と訴えるビラを配っている。そこにわれわれＡＪＣＮ（Australia-Japan Community Network）の現地メンバーが近寄り、慰安婦の実態について英語で解説した小冊子を渡しながら話しかける。

「これを読んでください。事実に基づいた議論をしませんか？」

翌週、再度話しかける。

「読んでくれましたか？」

韓国人が答える。

「意見が違い過ぎて議論できません」

「では、二十万人の根拠を教えてください」

「証言者の人数が少ないのは、恥ずかしくて人前に出られなかったからです」

「それでは答えになっていませんね。少なくとも、事実に基づいた話がしたいのですが」

答えはない。何度繰り返しても同じことだ。彼らは事実の検証など興味ないし、したくもない。事実の検証などすれば、自分たちの目的が果たせなくなってしまうからだ。彼らの真の目的は何だろうか？

前述のように、ストラスフィールド市での慰安婦像設置の攻防の最中、韓国系反日団体のリーダーは韓人会のホームページに、次のような、高まる感情を書き綴っていた。

・韓国の歴史は悲惨で惨めだった
・その責任の一端は、無力で団結できなかった自分たちにもある
・日本人に謝罪させれば、惨めな歴史に終止符を打ち、新たな歴史を始めることができる

このリーダーが訴えている文脈からすれば、韓国の惨めな歴史の原因は日本だけのせいではないとわかるし、本人もそう認識している。しかし、今、鬱憤《うつぷん》をぶつけることができ、まともに謝ってくれるのは日本だけだから、気持ちをぶつけているのだ。彼らの目的は、

長い歴史で積もり積もった民族的な鬱憤と屈辱を晴らすことだ。慰安婦問題は絶好の口実に過ぎない。別の韓国人活動家はメディアの取材にこう答えていた。

「慰安婦像設置は、我々にとってのヒーリング（癒し）プロセスなのです」

二〇一六年に入って、「鬼郷《ききょう》」という映画の試写会がアメリカで行われ、韓国国内では公開されて人気を博しているという。二十万人の韓国人少女たちが、日本軍に拉致《らち》され、凌《りょう》辱《じょく》されたあげく、虐殺されたという荒唐無稽《こうとうむけい》な映画だ。朝鮮日報（二月五日）によるとチョ・ジェンレ監督は「少女たちは異郷で寂しく死んでしまった。映画ででも故郷に連れて行ってあげたいという思いが強かった」「ユダヤ人虐殺のような犯罪の話として見てほしい」と語ったという。

日本人なら、事実の検証もせずに、自国の少女が外国の軍隊に二十万人も拉致され、凌辱されたあげくに虐殺された映画をつくって、ホロコーストに見立てて感慨にふけるという行為は考えつかない。この監督と反日団体リーダー、そしてブリスベンのデモ参加者のメンタリティには明確な共通点がある。

・事実の検証には興味がない
・自国の悲劇の歴史は大げさに言いふらすほうがよい

反日団体リーダーが自ら書き記したように、韓国の歴史は、常に外国勢力の支配下に置かれた惨めなものだった。今、「被害者という強者の立場」を手に入れた彼らは、初めて世界の表舞台に立てる。「正義を手にした被害者」として、日本に対して圧倒的に優位になれる。歴史上一度も手にしたことがないパワーが手に入るのだ。だから、被害者の数は多ければ多いほどいいし、極限までに悲惨であることが望ましい。そして、それをナチスによるユダヤ人ホロコーストのように、誰も疑義を挟めない歴史的事実にまで昇華させてしまえば、永遠に強い立場を保持できる。それによって民族のプライドが取り戻せると考えるのだ。

これは、民族的ファンタジーの世界である。よく「韓国文化は恨《ハン》の文化」というが、まさに、「ハン（恨）タジー」の世界と呼べるだろう。今やこの「ハンタジー」が民族の存立基盤なのだから、異議を唱えるものは何人《なんぴと》といえど許されない。その一例が、『帝国の慰安婦』のなかで、「自発的な売春婦」「日本軍との同志的関係」と記述した朴裕河《パクユハ》世宗《セジョン》大学教授の在宅起訴だ。同胞である韓国人学者の実証主義的研究をも弾圧するのである。事実ではないと知りながら、「ハンタジー」を死守し、言論弾圧も辞さない。なんと悲しい、屈折したメンタリティであろうか。惨めな歴史は続いているのだ。

歴史的敗北・日韓合意の後押しで、さらに反日が過激化

さて、事実から目を背け、まともな証拠を持たない彼らにとって、最高の〝証拠〟がある。それは元慰安婦たちの曖昧《あいまい》な証言ではない。日本政府の謝罪だ。日本政府が謝罪したのだから、自分たちが立証する責任はないというロジックを振りかざすことができる。反日議員のマイク・ホンダ氏も同じことを言った。諸外国の政府もメディアもそう解釈した。だから、日韓合意直後に海外メディアは「日本政府が性奴隷を認めて謝罪した」と怒濤《どとう》のように書きなぐったのだ。

日本政府が謝罪するほど、韓国人は自信を持つ。反日活動にお墨付きがもらえ、絶対的正義の側に立てる。彼らは謝罪を求めつつ、安易に謝る人間を侮蔑《ぶべつ》する。ゆえに「自らの過ちを認めた日本人よ、永遠に土下座して謝罪せよ」とますます過激になる。これが、日本が謝るほど事態が悪化する理由だ。

私は、日韓合意は歴史的敗北だったと考えている。合意直後の二〇一六年二月七日、私は「未来に禍根を残すな！　慰安婦日韓合意国民大集会」で登壇し、次のようにスピーチした。

「現時点で政府の見解は、〝今は韓国政府のご苦労を見守るのが正しい姿勢〟とのことですが、我々ＡＪＣＮの見解は異なります。様子見期間は終了しました。ここからは、明確

なゴールを設定して、そこへ向けて誘導すべきです」

韓国側は何を考えているのか。我々の経験を踏まえて、次のように推察できる。

・民間の反日活動を放置し、日本がいかにひどい国かを世界にアピール
・無条件で十億円を払うのが当然だという国際世論を醸成
・マスコミ誘導、ロビーイング強化
・大使館前の慰安婦像は民間が設置したもので政府には何もできないのに、日本政府は撤去が十億円拠出の条件だと理不尽なことを言うので、活動家の説得に失敗したと主張
・日本政府が十億円払えばしめたもので、韓国側の約束は履行せず、民間の反日活動を放置して合意を骨抜きにする。ユネスコにも民間主導で申請
・これまでどおり、裏から民間の反日活動を支援

結果は完全に我々の予想どおりだ。釜山《プサン》の日本総領事館前に新たに建てられた慰安婦像に多くの国民が怒ったが、いかにも韓国人がやりそうなことだ。我々は一介の市民団体に過ぎないが、多民族国家の豪州で生の韓国人と隣り合わせに生活しているから、赤裸々《せきらら》な現実を見据えて活動している。

「さっさと十億円を払って、道徳的に優位に立つ外交をすればよい」と主張した人々がいたが、道徳心がない相手にどうやって道徳的に優位に立つと言うのか。日本人の価値観や規範を前提に外交ができるとでも思っているのか。

十億円もらったら「これでもう何をやっても構わない」と考え、「何度も日本人を騙す我々は戦略性に優れている」と誇りに思うのが韓国の反日活動家だ。騙されるほうが悪い。

今回はウイーン条約違反に言及したが、なぜ最初から、ソウル日本大使館前の慰安婦像撤去を条件にしなかったのか。「民間がやったことだから致し方ない」と韓国政府を擁護したうえ、十億円払って朴大統領を応援しようと宣《のたま》った元駐韓全権大使がいた。十億円もらったら「努力すると言っただけで、撤去するとは約束していない」と言って逃げるに決まっているではないか。良心の呵責《かしやく》を感じるとでも思ったのなら、驚嘆すべきナイーブさだ。在任中に慰安婦像設置阻止も撤去もできなかったのも無理はない。

それでも、世界から見たら、カネをもらってから新たに慰安婦像を建てさせるのは明らかに韓国政府の不誠実に映るから、日本政府は十億円のはした金でまんまと韓国を追いつめた、ボールは相手のコートにある、と主張する方々もいる。日本はさっさと韓国に十億円を払ってしまったほうがよいと主張する有識者、特に外務省出身者の方々が大勢いた。その論旨をまとめればこうなる。

「慰安婦問題をここまでこじらせたのは（北朝鮮とつながりがある）挺対協（韓国挺身隊問題対策協議会）である。挺対協さえ抑えられれば、韓国国内の反日はある程度抑えることができる。そして今、朴大統領が先頭に立って挺対協と世論を説得しようとしている。これはかつてなかったことだ。ここで日本が大使館前に立つ慰安婦像の撤去にこだわって合意が潰れれば、挺対協の思う壺だ。ここは静かに朴大統領を応援すべく、速やかに十億円を払ってしまうのが賢明な判断だ」

僭越《せんえつ》ながら異論を申し述べる。風雲急を告げる朝鮮半島情勢で、米国から「日本との喧嘩をやめて安全保障に協力せよ」と強力な圧力をかけられた韓国政府に、逆らう選択肢はないから、朴大統領も米国の意向に沿うポーズを取らざるを得ない。

しかし、韓国経済が悪化の一途を辿るなか、国内で無為無策と批判されている朴大統領を応援したところで、反日団体や世論の説得など不可能だ。挺対協さえ抑えればなんとかなるという見立ては甘すぎた。挺対協は明確な政治的意図を持った団体だが、「ハンタジー」は韓国国民に幅広く共有されているからだ。案の定、韓国の学者やメディアから「慰安婦問題がなくなったら困る」と言わんばかりの不満が次々と表明された。

さらに、韓国外交部は二〇一六年一月二十日、一般国民向けに「慰安婦日韓合意Q＆A」をウェブサイトで公表している。そこには次のように明記されていた。

・不可逆性とは政府レベルに限ったことで、民間の活動は制約されない
・研究および教育などを通じ、未来世代に慰安婦問題の真実を知らせ、再発を防止しようとする努力は最終的、不可逆的とは無関係であり、韓国政府は今後このような努力を継続し、記念館設立も推進していく
・不可逆的という表現は日本が今後、合意を覆したり逆行したりする言動をしてはならないという意味を内包している。すなわち、日本の反論は許さない

要するに、政府として表立って抗議するのは控えても、日本の反論は許さない。一方で反日教育は継続し、民間の反日活動には関与しない、と言っているのである。世界中で展開される反日活動の背後に韓国政府がいることは明らかだ。ストラスフィールドで慰安婦像設置を阻止されたあと、反日団体のスポークスパーソンはメディアの取材に対し、「残念な結果だが、次回は韓国政府のさらなる支援を取り付けていく」と答えている。この悪しき構図は今後も変わらない。

そして二〇一六年十二月二十八日、釜山の日本総領事館前に新たな慰安婦像が設置され、除幕式が行われた。外務省ＯＢは「（ソウル大使館前の慰安婦像の）撤去は合意が履行され、

慰安婦問題が解決したと韓国国民に納得させてから説得してもらう以外ないであろう」と主張していたが、釜山の日本総領事館前にこのタイミングで新たな慰安婦像が設置されたことをどう説明するのか？　韓国政府は「民間がやることに政府は干渉できない」と繰り返すばかりだが、十億円払ってもなお国際法違反の建造物を置かれるのをどうしてくれるのか？　これも「致し方ない」のだろうか。

十億円払ったところで、「韓国政府に一時的に（表面的な）自己抑制の理由を与え、米国の歓心を買う」程度の意味しか持たない。韓国政府は「慰安婦白書」の外国語への翻訳を止めるぐらいはするかもしれないが、大使館前の慰安婦像は残るどころか新設され、民間レベルの反日活動はより過激になるのも野放しのまま、反日教育は継続され、記念館などを利用した反日プロパガンダは続く。合意が反故《ほご》にされるのは時間の問題だ。

一方、国際社会では日本政府の不適切な英語表現のせいで「日本軍は組織的にアジアの少女を拉致、強姦《ごうかん》、虐殺した犯罪者集団」という認識が定着してしまった。このことが反日団体をさらに動機付け、中国共産党が戦略的に付け込む隙を与えている。

海外のメディアに日本政府の真意は伝わっていない

「慰安婦問題は、当時の軍の関与の下に、多数の女性の名誉と尊厳を深く傷つけた問題であり、かかる観点から、日本政府は責任を痛感している。安倍内閣総理大臣は、日本国の内閣総理大臣として改めて、慰安婦として数多《あまた》の苦痛を経験され、心身にわたり癒しがたい傷を負われた全ての方々に対し、心からおわびと反省の気持ちを表明する」——これは日韓両外相共同記者発表での、岸田外務大臣による日本政府としてのコメントである。

そして、この英訳がひどいことは、私がジャーナリストの有本香氏と対談した動画をユーチューブで観ることができるので参照いただきたいが（https://www.youtube.com/watch?v=pC5MZ-B1EM）、日韓合意とは「慰安婦二十万人強制連行と性奴隷化」という朝日新聞と吉田清治《せいじ》のペアが世界中にまき散らした亡国プロパガンダを、日本政府が自ら歴史的事実として確証した、まさに歴史的瞬間だったのだ。この大失態の前には河野談話も吹き飛んでしまう。

私は二〇一五年、豪州国営放送ABC、BBC、ロイターといった国際メディアからインタビューを受けた。どのメディアも我々の主張をかなり引用していた。それはこちらが英語で相手が理解しやすいロジックを発信しているからだが、残念ながら、全ての報道は「性奴隷二十万人は日本政府が公式に認め、謝罪し、賠償金を払った歴史的事実」として伝えた。あのような声明を出したら、そう解釈されるのは当たり前だ。もし、外務省幹部がわざとやったのなら、安倍首相はまんまと罠にはめられたことになる。

日韓合意を米政府が高く評価したから、少なくとも政治外交的には成功だったと評価する方々もいるが、それは対米追従《ついじゅう》の悲哀を自ら肯定しているだけだ。米国の圧力で実現した日韓合意のシナリオは、もちろん米国が先導したものだ。米大統領補佐官（国家安全保障問題担当）のスーザン・ライスが主導したという情報もある。

米国人は、日本の慰安婦制度は性奴隷制度だったと信じているから、その前提でシナリオを書き、それを日本政府が素直に呑んでくれたら上機嫌なのは当たり前だ。日本の名誉がどんなに損なわれても、米国政府は痛くも痒《かゆ》くもない。日本が真の独立国なら、まずは米国政府と膝詰めで議論し、双方が納得いくシナリオを練らなくてはならない。ただ与えられたものを咥《くわ》え、頭を撫《な》でられても、政治・外交的勝利からは程遠い。

すでに元慰安婦のお婆さんたちの過半数がお金を受け取ったから、挺対協（韓国挺身隊問題対策協議会）の力が衰え、反日活動が収束に向かうと考えたら大間違いだ。韓国の異常な反日洗脳教育はエスカレートするばかりである。

二〇一三年にソウル市内の公園で発生した、「日韓併合は悪くなかった」と述べた九十五歳の老人を、三十八歳の男が老人の杖を奪って撲殺《ぼくさつ》するという凄惨《せいさん》な事件を覚えておられる方もいるだろう。この男に下った判決はたったの懲役五年だが、韓国では過分な重刑と捉《とら》えられ、ネットには男を英雄と賞賛するコメントが溢れている。

異常な反日教育が日系住民の安全を脅かしている

年を経るごとに、韓国の反日教育は激しくなり、今や国内外で挺対協の先兵となって、慰安婦像設置など反日活動を率先して行っているのは、学生ら若い世代だ。彼らは日韓併合時代どころか、朴正熙《パクチョンヒ》の時代さえ知らない、純粋な被洗脳世代だ。

私が特に強調したいのは、幼い子供たちほど、特定の民族に憎悪を煽る教育に感化されやすく、純粋な正義感から攻撃的な行動に駆られやすいということだ。北米では韓国人子女が「日本人は悪辣《あくらつ》な民族だ、韓国人を殺して苦しめた」と叫んで日本人子女に唾《つば》を吐きかけたり、集団で囲んで謝罪を要求し、泣き出すまで追いつめる事態が発生している。

ユーチューブには、韓国系米国人生徒が製作した「日本軍慰安婦強制連行劇」が投稿されている。学内コンテストに参加した作品だそうだが、逃亡を企てた韓国人慰安婦が日本兵に刺殺され、血が溢れるシーンで終わっている。二〇一五年九月には、事態を憂慮した日本人母親グループが安倍首相に嘆願書を提出した。よほどの懸念がなければしないことだ。

シドニーではこんなことがあった。日本人の母親が幼い娘を連れて韓国人が経営する日本食レストランに入った。韓国人のウェイターが子どもに出した水をストローで飲むなり、娘が「熱い！」と叫んで泣き出した。出されたのは水ではなく、熱湯だったのだ。

その女児は喉を火傷《やけど》した。慌てた母親が「水をくれ」と頼んだが、韓国人従業員たちは黙って顔を見合わせるばかりで対応しない。ようやく、しぶしぶ水を出すのに五分以上も経っていた。こんなことは、慰安婦像設置騒ぎが起こる前は聞いたことがなかった。この母親は、韓国人の異常な反日が身近に迫ったことを悟って、恐怖を感じたという。

おわかりだろうか。慰安婦問題は、「日本の名誉、英霊の名誉の毀損《きそん》」といった次元を通り越して、異常な反日教育によって洗脳された若い世代による日系住民への直接的攻撃の局面に入っているのだ。日韓合意は、異様な反日教育にお墨付きを与え、「将来の世代に謝罪の重荷を背負わせない」どころか「今を生きる日本の子どもたち」に、文字どおり〝煮え湯〟を飲ませている。

杉山発言から始まった、問題解決への長い道のり

二〇一六年二月十六日、国連女子差別撤廃委員会における杉山晋輔外務審議官（当時）の反論は、慰安婦強制連行や性奴隷を事実に反すると明言したもので、一応評価できるものではあった。しかし、一般に報じられていないが、その後のフォローアップ質問で「もし、慰安婦の問題がないのであれば、なぜ韓国との間に合意を形成する必要があったのか？」と問われた杉山審議官の回答は、満足のいくものではなかった。日本政府はいまだ

に「謝罪してカネを払う」という行為が、国際社会でどういう意味を持つか理解できていない。だから相手を納得させられず、単なる自己矛盾と捉《とら》えられる。杉山発言は海外メディアに完全に無視された。

もっとも、外務省は当初、「日韓政府間で不可逆的に解決するという合意がなされました」という簡単な答弁だけ用意していたという。官邸のリーダーシップがなければ、完全なゲームオーバーになるところだった。外務省は「まともに反論したら、日本側から合意を破棄したと解釈されることを恐れた」そうだが、日本政府は質問にまっすぐ答えられなくてはならない。それは、日本政府は何について謝罪し、何について謝罪していないか、そのうえでなぜ合意が必要だったかを、明確に説明することだ。まずは外務省のホームページで始める。そしてその英語は外務省任せにするのではなく、官邸が責任を持って吟味すべきだ。

自民党の稲田朋美政調会長（当時）が二月十八日、ラジオ番組で、「ソウル大使館前の慰安婦像が撤去されないかぎり、十億円を払うべきではない」と明言した。多くの日本国民もそう感じただろう。

日本政府は「大使館前の慰安婦像は違法建築物であり、明確なウイーン条約違反なのだから、合意に含まれているかどうかにかかわらず、撤去されるのが当然だ」というメッセージを全世界に向けて発すべきだ。そのうえで、こちらからは合意を破棄するそぶりは一切みせずに様子を見る。「ハンタジー」の圧力に負けて韓国側から破棄することになれば、国際社会の批判は韓国に向かい、韓国が恥をかく。店晒《たなざら》しのまま有名無実化しても構わない。すでに韓国は安全保障上、日米に協力せざるを得ないからだ。

慰安婦問題が解決するのは、韓国側が「この問題で日本を叩いても、もう通用しない、逆にブーメランで自分たちがダメージを被《こうむ》る」と悟るときだ。その時になって韓国人はようやく「ハンタジー」の夢から覚め始める。ゆめゆめ謝罪やカネで解決できると思ってはいけない。その時まで、日本政府は事実ベースの反論を毅然と続けるしかない。杉山発言は二十年遅れの〝はじめの一歩〟に過ぎない。

これは「女性の人権」という美名に隠された悪意との情報戦争だ。この問題を解決するのは日本人の確固たる意志に基づく、官民一体のブレない努力だけだ。道は果てしなく遠いが、進まなくてはならない。

二〇一六年三月七日、国連女子差別撤廃委員会は、日本に対して慰安婦問題を含む最終見解を発表した。「強制性」「性奴隷」などの表現こそ使われなかったが、慰安婦問題を「第二次世界大戦中に締約国（日本）の軍隊により遂行された深刻な人権侵害であり、被害者に影響を与え続けている」と表現し、二〇一五年末の日韓合意を「被害者を中心に据《す》えたアプローチを採用していない」と批判したうえで、元慰安婦への金銭賠償や公式謝罪を含む「完全かつ効果的な賠償」を行うよう勧告した。

杉山審議官の説明が完全に無視された内容で、日韓合意すら全く評価されない現実を再認識させた。また、過去長期にわたって反論もせず、ひたすら「すでに謝罪した」と逃げ回った不作為が、状況を回復不可能なほど悪化させたことも、改めて証明された。

この尋常ならざる事態にどう対応するか、ＡＪＣＮの意見を申し述べておこう。

強きに媚《こ》び、弱きを挫《くじ》くのが韓国の伝統的民族性だ。釜山とソウルの慰安婦像が撤去されるまで、事実上の国交断絶でも構わない。韓国が折れて謝罪し、行動で示すまで、絶対にこちらから歩み寄ってはいけない。「条約も守れない国家と協業することは不可能」と宣言してよい。こちらは何も困らない。

さらに、慰安婦問題を焚《た》き付けているのは日米韓の離反を画策する北朝鮮直属の組織だとはっきり言ったほうがいい。韓国政府は北朝鮮の工作機関をコントロールする能力をとうに失っているから、自分では何も解決できないまま、新しい政権が一方的に破棄を通告してくる可能性が高い。その機会を捉え、韓国の「でたらめさ」を徹底的に世界に喧伝《けんでん》し、本格的な歴史戦を開始する。

その時は日本政府が責任を持って「慰安婦問題とは何だったのか」を明確かつ詳細に定

義しなくてはならない。明確な立論なくして反論しても無意味である。相手がどう思おうと「これが、我々がまじめに研究して得た結論です」と宣言することから始めなくてはならない。ディベートの基本だ。

杉山審議官（当時）が国連の場で、口頭で反論するだけでは不十分だ。六章で詳しく述べるが、外務省のホームページにはお詫びと償いの言葉だけが溢れかえり、何の事実検証も記していない。それが日本の名誉の回復に全く役立たないことをいい加減に認めて、やり直すしかない。明確な立論をしないまま、第一次安倍政権の時のように、首相が単騎出動すれば、戦艦大和の水上特攻よろしく一方的な猛攻撃を受けてしまうのは明らかだ。

私自身、多くの海外メディアから「慰安婦問題は、日本政府が正式に認め、謝罪して賠償金まで払ったのだから、もはや議論の余地がない。歴史的事実に関する像を建てても、日本人への人種差別には当たらないのではないか」という質問を多く受ける。私がカメラの前で言葉に詰まるのを期待するかのような問いかけである。

しかし、私は平然と答える。

「安倍首相は安全保障などの重要事項を優先して合意を結びましたが、強制連行や性奴隷化を認めたわけではありません」

相手はたいてい「なるほど」と言って質問を変えてくるが、まず政府が明確な立論をしない限り、一民間人の議論には限界がある。将来世代に煮え湯を飲ませたくないなら、これを最後のチャンスと心得てしっかりやってもらいたい。さもなくば、日本人は軍隊を使って生理前の少女を拉致して性奴隷にした極悪民族として、永遠に歴史に悪名を刻むことになるだろう。

日本政府は世界秩序の崩壊に備えよ

一方、外務省は海外での邦人保護を真剣に考えなくてはならない。外務省がまず取り組むべきは、慰安婦像をプロパガンダツールとする韓国の反日教育によって、海外で日系住民に対する差別やいじめが顕在化していることを認知し、政府として憂慮していることを公表することだ。慰安婦像が単なる記念碑ではなく、反日という政治目的を推進するためのツールであると、日本政府が公式に認めることが重要だ。

反日団体は「慰安婦像は、二度とこのような悲劇が起こらないように祈念するための、平和の像です」とうそぶいて同情を引きながら、公然と反日活動と反日教育を展開している。民間の母親と父親がリスクを冒して戦っているのに、外務省が傍観するなら、日本はもはや国家としての体《てい》を成していない。

もうひとつは、韓国という病んだ国家の崩壊に備えることだ。韓国は北朝鮮という白アりに食い荒らされた家屋と同じだ。反日を唯一の民族を束ねる綱にしてしまい、中国や北朝鮮に利用されているともわからず、これなら日本を叩けるという、被害者ファンタジー（恨タジー）に逃げ込み、狂奔《きょうほん》している。そうした暗い情念に取りつかれているうち、北朝鮮に取り込まれてしまう可能性は否定できない。そのプロセスにはいくつものパターンがあり得るが、文在寅《ムンジェイン》極左親北政権が誕生した今、急速に現実味を帯びてきた。そうなれば大量の難民が日本に押し寄せる可能性もある。彼らは当たり前のような顔をして助けを求めてくるだろう。

ここで、海外の移民国家に長く暮らす者として明言しておくが、今のようなお人よしの日本人が大量の移民を制御することは、極めて困難だ。これまで大きな問題もなくやってこられたのは、移民の数が人口比で圧倒的に少なかったからだ。

敵性国家からの移民なり難民の人口が臨界点を越えて、参政権を持つようになったら、「ここは自分たちの国だ」とばかりに傍若無人《ぼうじゃくぶじん》なふるまいを始める。そこまで行ってしまえば、時計の針を戻すことは不可能で、ドイツ以上の壊滅的打撃を被るだろう。

日本という国も大分壊れてきたが、それ以上のスピードで世界秩序が音を立てて崩れていく。日本民族はこの難局を乗り越えることができるだろうか。日本政府は、冷徹に現実を見据え、まずは邦人保護に着手してほしい。日本の復活はそこから始まる。

第四章　反日韓国人と結託するキリスト教牧師

ネット上の宣戦布告

二〇一六年四月、シドニーの束《つか》の間《ま》の平穏が破られた。破ったのは、新たに組織された韓国系反日団体に担がれた、プロテスタント系のユナイティングチャーチの牧師、ビル・クルーズ氏のインタビュービデオだった。反日団体のフェイスブック上に公開された動画に登場したクルーズ牧師は、高揚した表情で熱く語った。

「許せない。間違っている。慰安婦像を教会敷地の、公道に面した場所に置く。加害者たちは無視するか、謝罪するかだ」

二〇一五年八月、ストラスフィールド市で全面否決の屈辱に泣き、姿を消していた韓人会の会長が、執拗《しつよう》に陰で動いていたことがわかった。公有地に慰安婦像を建てることが極めて難しくなった現実に直面した反日韓国人たちは、私有地をフルに活用することを企てた。まず、挺対協が製作した慰安婦像を韓国から輸入し、シドニー韓人会内部で保管する。

教会側の準備ができたら教会に移設し、公道から見える場所に設置する。彼らにとって、韓国人が多く住むアシュフィールド市（ストラスフィールド市の隣）のクルーズ牧師の教会が救世主に思えたことだろう。お祭り騒ぎが好きな韓国人は、わざわざクルーズ牧師の決意表明をネット上で公開した。事実上の宣戦布告である。

日本人は一般的にキリスト教を誤解している。教会の牧師は、基本的に善意と慈愛に満ちていて、赦《ゆる》しと和解を説いていると、なんとなく思っている。我々のメンバーも例外ではなかった。この見るからに単純そうな牧師は、韓国人の一方的な話を信じ込んで同情しているのだろう、こちらから説明すれば目が覚めるだろう、と期待していた。

彼が、教会のミニスター（聖職者）であると同時に、エクソダス財団という弱者救済の事業を持ち、毎日多くの貧者に食事を与える慈善家の顔を持っていることも、彼を善意の人と推測する理由になったかもしれない。

しかし、我々は間もなく、クルーズ牧師がただの宗教家でも慈善家でもないことに気付くことになる。それは、彼が同じユナイティングチャーチのシニアの信者たちからの反対意見を無視するという挙に出たことがきっかけだった。クルーズ牧師の動きに気付いた信者の何人かが、すぐに反対の手紙を送り、苦言を呈すために電話した人もいた。ストラスフィールド市での慰安婦像を巡るいきさつを熟知している人たちだ。

ストラスフィールド市は、前述のように、市民間の分断をもたらすものは不適切という理由で慰安婦像設置を却下した。地元の教会がその判断を覆して、一方的に過激な韓国人グループの肩を持つのは明らかに異常な行為だ。分別ある大人なら、自らの教会の信者からそのように諭《さと》されたら、我に返って考え直すのが普通だろう。しかし、クルーズ牧師はそれらのアドバイスを完全に拒絶した。それを聞いたとき私は、この牧師はよほどの理由を抱えていると悟った。

それから間もなく、支援者から提供された情報で、ユナイティングチャーチが少年への性的虐待で訴えられ、二〇一三年に二百万豪ドル（約一億六千万円）の賠償金を払っていたことがわかった。自らの犯罪に頬かむりし、無関係な日系市民を加害者呼ばわりする宗教人。日本の国境を一歩出れば、こんな野蛮な世界が広がっている。

我々はそれでも常識と良識を信じて、クルーズ牧師とユナイティングチャーチのトップであるマクミラン氏に、我々がなぜ慰安婦像設置に反対するか、丁寧に説明したレターを送った。彼らの返事を読んで、我々は驚嘆した。まったく議論になっていないのだ。こちらの指摘するポイントに答えられていない。マクミラン氏の答えはこうだった。

「ご懸念の点、クルーズ牧師と話しました。クルーズ牧師の目的は慰安婦を称えることだけで、コミュニティを分断するようなことはございませんので、どうぞご心配なく」

クルーズ牧師に我々は尋ねた。

「あなたは元慰安婦を称えるというが、朝鮮戦争中に韓国政府が大統領の命で独自の慰安婦制度を持っていたこと、ベトナム戦争中、韓国兵が多くのベトナム人女性を凌辱《りょうじょく》して虐殺した事実をどう捉《とら》えるのか？」

牧師の返事は短かった。

「政府はみんな悪いと思います」

何の論理性もない。まるで子どもの文章である。考え直す気はなく、聞く耳も持たない。理屈もキリストの教えもかなぐり捨てて、どうしても慰安婦像を建てなくてはならない理由があるとしか思えない。こんな有様だから、たとえ民主主義社会でも、自分の身は自分で守らなければならない。他人の常識や良識に自らの安全を委《ゆだ》ねられると信じているおめでたい民族は、日本人だけだ。

悪意ある攻撃者として牙をむいた牧師

それでも、我々からの抵抗が想像以上に強く、非難するメールが続々と届きだすと、教会本部も事態を憂慮するようになり、クルーズ牧師も内心の動揺が隠せなくなってきた。同様に、反日団体も「日本側の抵抗は想像以上だ」と文章に書くようになっていた。いつものことながら、彼らはお祭り騒ぎをすれば自分たちが有利になると思っているらしく、そこら中で反日デモを始めた。彼らの戦略は、前回の失敗に学び、自らをできるだけソフトで平和的に見せることだった。

まず、慰安婦像を「平和の少女像」と呼び、フランスのアングレーム漫画展に出品した作品を前面に出す。一見コミカルな漫画は、悪質なプロパガンダである。たとえば、日の丸を付けた日本軍の飛行機が空中から縛られた韓国人女性たちを戦地に投下している。よく見ると、女性の体には「贈り物」と書いてある。「贈り物」が日本語なのが笑えるが、要するに、慰安婦は天皇陛下から戦線の兵士への贈り物だったという、マグロウヒル社の教科書に記載されている一節をなぞっているわけだ。

捏造《ねつぞう》慰安婦映画「鬼郷《ききょう》」のシーンを印刷したバナーも広げていた。日本軍が一般家庭から婦女子を拉致《らち》しようものなら、全土で大規模な暴動が発生していただろう。自分たちもそれを知っていながら、悲劇の犠牲者を演じ続ける被害者ファンタジーである。

反日団体が最も恐れたのは、クルーズ牧師の変心であった。そこで彼らは、クルーズ牧師をわざわざ南オーストラリア州のアデレードまで連れていった。目的は、インドネシアで日本軍兵士に凌辱されたオランダ人女性のジャン・オヘルネ氏に会わせるためだ。彼女は一九四四年に日本軍占領中のインドネシアで、軍令を無視した一部の日本軍人がオランダ人女性を監禁、強姦した事件の被害者のひとりである。この事件は軍令違反であったために、視察に来た日本人将校によって停止され、責任者は戦後、死刑に処され、首謀者は自殺した。その意味で、オヘルネ氏は慰安婦というよりも、軍令違反の犯罪行為の被害者である。

一九六〇年に豪州に移住。二〇一七年で、齢《よわい》九十四歳になるはずだが、依然として「日本に正式な謝罪を求める。安倍は私が死ぬのを待っているが、私は死なない」という苛烈《かれつ》なメッセージを発しながら、反日のシンボルになっている。法的に解決済みであっても、もちろん彼女には自身の経験を語り継ぐ権利がある。しかし、政治的な意図を持った中韓の反日団体に担がれる姿は、元慰安婦の韓国人老女と重なり、痛々しい。

どうやらクルーズ牧師は反日洗脳教育の一環として反日団体のアレンジで彼女に会い、よくよく言い含められたようである。シドニーに戻るなり、突如、教会にメディアを呼んでプレスリリースを出した。

「慰安婦像に反対する者は、歴史的事実を隠蔽《いんぺい》しようとするものだ！」

英雄気取りでアジるクルーズ牧師の背後には、オヘルネ氏の写真と「慰安婦は強姦被害者である」と英語で書かれた横断幕が掲げられており、異様な印象を与えた。この時点でクルーズ牧師は、反日団体と一蓮托生《いちれんたくしょう》になる決意を固めたのだろう。その後も牙をむくように暴言を重ねる。

「この慰安婦像はすべての戦争被害者に捧げるものだ。政治的要素はない」

「日本人をターゲットにしているのではない。罪を犯した日本人をターゲットにしているのだ」

「今日も家に帰れば暴力を振るわれる女性がいる。それらの女性もこの銅像に象徴されている」

公式に記録された発言だけでも、かなり支離滅裂《しりめつれつ》だが、よく聞けば、韓国人たちがずっと主張していることばかりで、支離滅裂ぶりも韓流である。スピーチの途中で「ここはこれぐらいでいいかな？」などと口走ったのも記録されている。もはや彼を「騙されたお人よしの聖職者」と見做《みな》すことはできない。

ルール無視の除幕式

八月六日に予定された韓人会館における慰安婦像除幕式まで、我々は教会の異常さには驚かされたものの、綿密な包囲網を敷いていた。前回のストラスフィールド攻防戦では、戦場がストラスフィールド市に限られていたが、今回は韓人会館が所在するカンタベリーバンクスタウン市と、教会が所在するアシュフィールド市の二方面作戦となる。

韓人会館の土地も建物も市の所有で、韓人会館がリースしていることも、教会の土地がニューサウスウエールズ州のユナイティングチャーチの組織所有であることも把握していた。我々は各自治体に、なぜ慰安婦像に反対しているか、これまでの経緯を含めて詳細に説明していた。

ところが韓人会は、市の許可を取らず、好きなように除幕式ができると考えていたらしく、市から連絡を受けて大慌てしていた。市は「慰安婦像が一時的な保管なら開発許可を取らなくてもよいが、全てのセレモニーは屋内で行うように」と指示した。これに韓人会は激しく動揺した。韓国からゲストを呼んでの華々しい除幕式ができなくなってしまうからだ。窮地に陥った韓人会は、短時間でも外でやらせてほしいと必死で懇願した。「私たちは、決して日系住民を圧迫するものではありません」と泣きを入れた。

困惑した市は、土壇場で次のような条件を付けて許可してしまった。

①隣接するネットボール場（バスケットボールを簡略化した球技）を使う場合、棄損に備えて保証金を払うこと。
②自己資金で追加の警備員を雇うこと。
③横断幕は使用しないこと。

④駐車場は使用しないこと。

しかし、この許可は大きな間違いだった。韓人会は当然のごとく条件を無視した。横断幕を張りまくり、駐車場を平然と使用した。巫女《みこ》のような姿をした女性がくねくねと舞いながら慰安婦像の膝にすがり付くパフォーマンス。証言を何度も変える元慰安婦は神のように扱われ、さながらカルト教団の儀式のようであった。

進行役の韓国人は開会のスピーチのなかで「公共の場に像を置けないのは不当だ」と不満をぶちまけながら、ＡＪＣＮの名前を三度も挙げて非難し、憎くてしかたがないという感情を露骨に表していた。ゲストのイ・ジェミョン城南《ソンナム》市市長は「東條英機とヒロヒトは戦犯だ。日本は一度も謝罪したことがない」などと、慰安婦とは無関係な話に終始していた。当時は自分たちが日本の一部で、日本軍として参戦していた事実などおくびにも出さない厚顔無恥《こうがんむち》ぶりである。

結局、怨念《おんねん》と攻撃性という彼らの本質を隠すことなどできないのだ。そして、後ろから糸を引く挺対協にとっては、豪州で除幕式を行ったというアリバイこそが必要で、この除幕式が全てであったと言ってよい。だから、市から課せられた条件も平気で無視する。おまけに今回、これまで市に無断で会館の施設を又貸ししていたこともばれてしまった。これは賃貸契約違反である。彼らは息を吐くように嘘をつき、約束を破る人たちだ。

韓国政府は彼らを自粛させる気などさらさらなく、今回も野放しだった。自分たちが公式の場でおとなしくなる分、民間に反日活動をやらせて、「政府は関知できない」としらを切る算段だ。誠意があるなら、少なくとも「日韓合意の精神を尊重して、海外も含めて市民団体の自制を期待する」という声明を出すべきだろう。アメリカ政府が行ったことを、当事者の立場でやろうともしない。そこに彼らの本質が明白に表れている。

韓国人の知人が私に言った。

「嘘が韓国の文化ですから」

確かに、この除幕式は全てが嘘で固められていることを如実に象徴していた。

反日団体の当初の予定は、とりあえず慰安婦像を韓人会館で保管し、一年ほどかけてクルーズ牧師の教会の造成が済んだら、教会の公道に面した場所に移して設置する、というものだった。ところが、除幕式が終了するなり、慰安婦像が忽然《こつぜん》と姿を消してしまった。一足飛びにクレーンで吊るされて、教会へ移してしまったのである。

それを聞いた私は、オーストラリアの国営放送ＡＢＣの報道に、「教会の敷地の公道に面した境界線上に慰安婦像を置くことを自治体に却下されたクルーズ牧師は、今日、自分が運営する財団の裏庭に像を移すと語った」との一節があったことを思い出した。

それは除幕式当日を指していたのだ。少女像と椅子、プレートなどが一体となった慰安婦像は、一トンを超える重さがある。実際問題、これを館内に入れるのは至難の業《わざ》だ。しかも、市からは暫定的な保管しか許可されていないし、公衆の視野に入れるなと指示されている。

置き場所に困ったところで、クルーズ牧師が教会への緊急移設を申し出たのだろう。早々と反日団体のフェイスブックに、クレーンで降ろされる慰安婦像を見守るクルーズ牧師の後ろ姿と、慰安婦像の隣に座ってはしゃぐ彼の写真がアップされた。しかし、これも我々の想定内だった。

私は江川事務局長にささやいた。

「やはりこの場所でしたね」

引き取り手のない、悲しき〝民主主義の女神像〟

実は我々は、この慰安婦像が置かれた場所を早くから認識して現地調査も済ませていた。それは教会の裏手の、クルーズ牧師が経営する慈善団体であるエクソダス財団の私用駐車場の奥にある。アクセス可能ではあるが、一般人や信者はここまで入って来ない。財団の施設に食料などの物資を納入する商用車やフォークリフトが出入りする場所で、歩行者用

のスペースは黄色いペイントで制限されている。慰安婦像は、その黄色いラインにはみ出した形で置かれている。ここはクルーズ牧師がABCに語ったような裏庭ではない。作業用の駐車場である。

なぜ我々がこの場所を知っていたかというと、実はクルーズ牧師が教えてくれたからだ。私がクルーズ牧師宛ての手紙で「あなたはチベット亡命政府のダライ・ラマ代表と交流があるそうですね。私も先日、世界ウイグル会議のラビア・カーディル総裁に直接会って、ウイグルの現状を知る機会がありました。中国共産党の少数民族の抑圧はひどいものです。あなたは、慰安婦像を建てようとする組織の背後に、あなたの友人であるダライ・ラマ氏を敵視する中国共産党の存在があることをご存じでしょうか?」と問いかけると、彼は「慰安婦像は教会にある天安門広場の〝民主主義の女神像〟の隣に置かれます。だから私は、中共の支援者ではありません」と写真付きで短く答えてきた。

写真には、教会の裏手と思われるスポットに、ニューヨークの自由の女神像に似た像が写っていた。これは何か、すぐに江川事務局長が現地に飛んで検証した。だからこの時点で、我々は人気《ひとけ》のない駐車場の奥であることを把握していたのだ。そして、そこにポツンと佇《たたず》む女神像を見て、微かな記憶が私の脳裏に蘇《よみがえ》った。

二〇一五年の六月頃、シドニー在住の民主化推進派の中国人のグループが、天安門広場にあった「民主主義の女神像」のレプリカを製作し、置き場所を探しているというテレビニュースである。一九八九年の天安門事件のあと、豪州政府は四万人以上の中国人留学生の豪州滞在延期を許可した。そのうちの多くはその後、豪州への永住が認められたという背景がある。

結局、女神像を引き受けてくれる自治体は現れず、クルーズ牧師が教会の敷地に置くことを引き受けたとは知らなかった。それを美談のように書いた新聞記事も見つけた。これだけを読めば確かに美談であり、クルーズ牧師は民主主義の信奉者で、故郷を失った中国人留学生の支援者である。クルーズ牧師は「本当は永久に置きたいのだが、一時的な設置になるかもしれない」と発言し、記事は「興味ある自治体はクルーズ牧師に連絡してほしい」と結んでいる。

それから一年、女神像は引き取り手がなかったようだ。そして、実際にこの像が置かれているのは、誰も気が付かない駐車場の奥であり、説明も付いていないので、これが何なのか誰もわからない。なんとも寂しい結末だが、今度はその隣に慰安婦像を置こうというのである。「この牧師は本当に人権について真剣に考えているのか？」という思いがよぎった。同時に、もし教会に持ち込まれたら、とりあえずここに塩漬けにするのがいいだろうと考えながら、クルーズ牧師には「中国共産党の弾圧を非難する女神像と、中国共産党が反日プロパガンダに利用する慰安婦像を並べるのは根本的な矛盾なので、受け入れられません」と答えた。

はたして、その後、反日団体に活を入れられたクルーズ牧師は「何としても慰安婦像を公道沿いに置く」と息巻いていたが、あっさりと「隠れたスポット」に持ち込み、自ら慰安婦像の隣の椅子に座ってはしゃぎながら写真を撮った。慰安婦像が置かれたのは、天安門の女神像がもともと置かれていた場所だ。女神像はさらに横に移され、今や明後日《あさって》の方向を見ている。なんとわびしい光景だろうか。クルーズ牧師はこんなところに銅像を集めて人権活動家を気取っているのだ。

韓国紙は、「慰安婦像は棄損の恐れがあるため、韓人会館での保管を止め、電撃的に教会の前庭に移された。予定どおり一年後に公道沿いに移される」と報じた。棄損を恐れるなら、韓人会館内に保管したほうがよほど安心なはずだ。そして、現実は前庭ではなく、駐車場の奥にとりあえず置かれただけだ。何も知らない韓国民は新聞記事を信じてしまうだろう。それを知っている反日団体のスポークスマンは、「慰安婦像はキャンベラの戦争博物館に移す計画だ」とうそぶいた。

いい加減に嘘の上塗りは止めて、慰安婦像に安住の地を探してあげるべきだ。それは、誰の目にも触れず、永遠の眠りに就ける場所である。

公的性質を持つ場所での特定民族への攻撃を許してはならない

その後、我々は教会側と協議を続けたが、上層部の人間に会っても困り顔で、我々に一言も反論できないが、解決のためにアクションを取ろうともしない。彼らとしても、安易に許可してしまったが、こんな大事《おおごと》になるとは思わず、かといって頑迷なクルーズ牧師をコントロールすることもできず、また、スポンサーの韓国人団体には遠慮があるので、ととことん逃げたいという姿勢が露骨だった。

私有地でかつ私的駐車場の奥とはいえ、教会は公的性質を持つ。わざわざ子供たちを連れてきて嘘にまみれた歴史を教えようとする可能性もある。このような悪意ある銅像に最も影響されてしまうのは、幼い子供たちだ。単純な正義感に突き動かされ、日本人への攻撃を是としてしまう。北米では日本人や日系人子弟への苛《いじ》めや嫌がらせが顕在化し、憂慮した親たちが安倍首相に嘆願書を送付するまでに至っている。同じことが豪州で発生する危険性も十分にある。

そして何より、クルーズ牧師には自分で吐いた言葉の責任を取ってもらおう。「この銅像は戦争で被害にあったすべての女性を象徴し、家庭内暴力に苦しむ女性までをも含む」と公言しておきながら、慰安婦像に組み込まれた石碑はひたすら日本を糾弾している。これは言行不一致の、れっきとした特定民族への攻撃だ。我々は教会が次のいずれかを実行することを要求する。

・石碑に「この少女像は戦争で被害に遭った全ての女性および家庭内暴力の被害者を象徴する」と書き込み、残りは削除する。
・石碑に「韓国軍独自の慰安婦制度で働かされたすべての女性、ベトナム戦争中に韓国軍に強姦され、虐殺されたベトナム人女性を含む」と書き加える。

・石碑を完全に取り除く。
・慰安婦像を人目に触れない屋内に収納する。

我々が歴史問題で臆すると思ったら大間違いである。ドイツのフライブルク市は、豪州ストラスフィールド市の例を参考にして慰安婦像設置を却下した。韓国人たちの真の動機と、歴史を捏造し、他者への怨念を糧《かて》として生きる特異な民族性は白日の下に曝《さら》け出されつつある。我々は非敵対的合理主義を掲げ、感情的に声を荒らげることはしない。しかし、反撃を停止することも絶対にないのである。

コラム　亡命中国人外交官・陳用林の警告

二〇〇五年五月、シドニーの中国総領事館を離れ、妻子とともに豪州政府に政治亡命を求めた外交官がいた。名前を陳用林という。陳の覚悟を決めた告白に、全豪が震撼した。

「シドニー中国総領事館における私の役割は反中分子を監視し、本国政府に報告することだった。そして、豪州には一千人以上のスパイが暗躍してあらゆる情報を盗んでいる」

「豪州に不動産を買って、妻子を逃がす中国要人は少なくない。私たちは、そのような要人の拘束と本国への送還を行うために、豪州在住の息子の拉致《らち》を計画した。麻酔薬で息子を眠らせ、漁船で沖合の公海上に停泊させた貨物船まで運び、そこから父親に電話をさせ、本人であることを確認させてから、本国にすぐ戻るよう脅迫した。父親は帰国に同意したが、帰国するなりただちに裁判にかけられ、死刑判決が出された」

陳はまた、ニュージーランドでも居住権を持つ女性を拉致し、中国船籍の船で本国に送還したことがあるという。彼女もまた、拷問され処刑された可能性が高い。陳はこのような拉致を在任中に複数回行ったと告白している。

そして陳の最重要任務は法輪功《ほうりんこう》（李洪志《りこうし》が創始した気功を行う健康団体。中国共産党からはカルト教団として弾圧を受けている）信者の監視と弾圧だった。法輪功の信者リストを作って本国に通知する。法輪功の組織にスパイを潜入させて調査もする。危険と見なした信者は「610オフィス」に引き渡すという。

「610オフィス」とは、一九八九年六月十日に法輪功弾圧を目的に作られた秘密組織で、全ての中国外務省官僚はその存在を知っているが、中国政府はその存在を否定している。

陳によれば、本国に送還され、取り調べを拒否して自殺したとされる法輪功信者のほとんどは撲殺されているといい、「610オフィス」は日本国内にも存在するという。

二〇一四年には、豪州の主要大学で教える中国人講師が本国に帰国した際、当局から四回にわたって尋問されることがあった。その理由は、彼のクラスの中国人学生が、当該講師が「民主主義の信奉者であり、民主化活動団体に寄付をしている」と虚偽を含めた報告を中国政府に流したからだった。陳によれば、各大学の留学生向け中国人協会は、中国政府によって作られ、リーダーまで指名され、財政的援助を受けているという。

これは豪州の例だが、陳は言う。

「最大の標的である米国には、少なくとも三倍の数のスパイが潜伏していると聞いている。日本も同様だ」

二〇一四年、米国FBIは中国に留学中の米国人留学生に、スパイにされないよう注意喚起する三十分のビデオを制作して公開している。

日本の関東地方のある大学の校門の近くに、小さな中華レストランがある。そこに日本人客は入れるが、日本人学生は絶対に働かせない。そして二〇〇八年、長野県内で行われた、北京オリンピックの聖火リレーの際には、何台もの観光バスがこの店の前に並び、大勢の中国人学生を乗せて走り去る様子が目撃されている（その後、中国人による日本人への暴行事件へと発展したことはご存じのとおり）。このような拠点が日本全国にあると推測される。日本国内の現状は豪州以上と考えてしかるべきだろう。スパイ防止法もない日本は、まさにやりたい放題のはずだ。

中国人コミュニティや留学生協会の代表のほとんどは中国政府に繋がっている。好きでやっているとは限らないが、逆らえば何をされるかわからない恐怖があるので、従わざるをえない。いつ同胞に告発されるかもわからない。

私が陳の存在をはっきり認識したのは、最近、人づてに彼からのメッセージを聞いたからだ。我々AJCNの慰安婦像設置阻止活動を耳にした陳は、次のように語ったという。

「中国共産党の日本に対する一貫した戦略は、日本が独り立ちして自分の意見を言わせないよう、中国に対して謝らせ続け、悪いことをしたと罪悪感を持たせ続けることである」

つまりは情報戦であり、謀略なのだ。まじめな日本人はこの点が理解できず、事実を争おうとし、本当のことを伝えればいいと思い込む傾向がある。日本人のナイーブさにとことん付け込めば、日本は自壊する。

真実を語ることは大切だが、それだけでは不十分だ。中国は一九八二年に発生した「教科書誤報事件（当時の文部省が〝侵略〟を〝進出〟に書き換えさせたと誤報された事件）」以来、歴史問題で叩けば日本は容易に膝を屈すると学び、事実検証は無視して日本を徹底的に攻撃してきた。

その理由はナイーブな日本人が考えるような「反省しない日本人に中国人が憤《いきどお》っている」からではなく、歴史問題が日本人の最大の弱点だから、徹底的にそこを突いてくるだけである。慰安婦像を世界中に建てようとする行動もまた、日本人の自尊心を打ち砕き、罪悪感と自己嫌悪に埋没させ、世界で孤立させようとする戦略に沿って行われている。

韓国は完全に中国に利用されているのだが、恨《ハン》の激情に溺れて自らを見失い、わざわざ国を溶解させようとしている。中国共産党の対日戦略は、実はあきれるほど単純で一貫しているのだ。

足かけ三年間もシドニーで慰安婦像設置阻止活動をリードした経験から、私も工作員の存在を察知していた。我々が戦った豪州・ストラスフィールド市では、中国側から韓国側に声をかけて共闘するスタイルだったが、背後に両国政府が介在していることは明らかだった。現地の韓国系住民からも、北米から工作員が潜入していたことを確認している。

中国系は現地で買収した会社を拠点としていた。現在進行中の教会の敷地（私有地）に置かれた慰安婦像を巡る問題は、韓国の挺対協という、北朝鮮と密接な関係が指摘される政治活動団体の主導で行われている。慰安婦像設置を推進した団体の背後には本国から送り込まれた工作員の暗躍がある。これまで平和に暮らしてきた市民が、いきなり組織的な活動を起こすのは不自然だ。工作員の活動によって、普段は平和的だった地域が、突然反日の炎に包まれてしまうのだ。

中国人スパイと工作員の浸透は広く深い。それは移民を利用して拡大し続ける。表面的に平和的なデモや、わざわざ「政府当局の関与や後ろ盾のない、住民による自発的デモだ」と断言する報道に惑わされてはいけない。裏からスパイと工作員、表から歴史問題と、日本は戦略的に挟撃《きょうげき》されているのである。

第二部

日本人が知らない、外務省と朝日新聞のひどすぎる英語発信

第五章　慰安婦問題で「無条件降伏」し続ける外務省の罪

時計の針を左回りに巻き戻している「無条件降伏声明」

「慰安婦問題は、当時の軍の関与の下に、多数の女性の名誉と尊厳を深く傷つけた問題であり、かかる観点から、日本政府は責任を痛感している」

二〇一五年十二月二十八日に突如発表された日韓合意。この岸田外相の発言を聞いた私は、唖然《あぜん》とすると同時に、東京下町出身の私の耳には、今は亡きフーテンの寅さんの声が聞こえてきた。「それを言っちゃあ、おしまいよ」と。

日本政府による英訳は、次のとおり。

> The issue of comfort women, with an involvement of the Japanese military authorities at that time, was a grave affront to the honor and dignity of large numbers of women, and the Government of Japan is painfully aware of responsibilities from this

perspective.

ご丁寧に、involvement of the Japanese military authorities（軍の上層部の関与により）と明言し、a grave affront to the honor and dignity of large numbers of women すなわち、「大勢の女性の名誉と尊厳に対する甚大な侮辱」とは、日本語原文よりも強烈な印象だ。こんな言い方をしたら、強制連行、性奴隷といった、いわれなき誹謗《ひぼう》中傷のすべてを認め、平身低頭して謝ったことになる。文字どおり、ジ・エンドだ。

この「決定的に不適切な表現の問題」にすぐ気付いて、公共の電波で指摘していたのは、青山繁晴氏らごく少数だったと記憶している。

言い方を変えれば、このような英語表現は、金額欄が空欄の小切手を渡して「金額は一億でも一兆でも、好きなようにお書きください」と言っているようなものだ。「それなら」と袋叩きにあうのは目に見えている。

二〇一五年は複数の日本の学者や研究者グループが、大変な努力をして海外の学者やメディアに反論を試みた年だった。私も手伝ったからよく知っているが、海外の学者たちはほとんどまともな反論ができず、日本側の圧勝であり、ようやく朝日新聞がばら撒いた「二十万人強制連行説」などの荒唐無稽《こうとうむけい》な説を打ち消せるかと思った矢先の出来事だった。

くやしい思いをしていた海外左傾メディアや学者たちが、日本政府の声明を聞いて、ここぞとばかりに「復讐」に出たのである。捏造《ねつぞう》を含めた「とんでもない内容」の日本叩きの大合唱になった。かくして、日本人学者・研究者グループの努力は木端微塵《こっぱみじん》に吹き飛んだ。肝心の日本政府に背後から撃たれたのだから、ひとたまりもない。

それにしても、この突然の「無条件降伏声明」はどこからきたのか？ 政府内の誰かが急遽、岸田外相や安倍首相に「これがベストの表現ですよ」と耳打ちしたのだろうか。こんな自爆行為ともいえる声明を平気で出すのは、世界中で日本政府だけだ。

誰の意図が反映されているのか、と疑いながら、あらためて外務省のホームページを見て愕然《がくぜん》とした。青天の霹靂《へきれき》と思っていた「自爆的無条件降伏声明」が、ずっと前から繰り返し書かれていたのだ。すなわち、今回の日韓合意は、外務省の意図を明確に反映し、時計の針を左回りに巻き戻したのだった。

外務省にとっての慰安婦問題とは何か？

実は外務省は、今回に限らず、以前から「慰安婦問題とは多数の女性の名誉と権限を傷つけた問題である」と繰り返し定義していた。

外務省のホームページを見ると、二〇一三年十一月六日付の英語の文章で「慰安婦問題を含めた歴史問題に関する日本政府の見解」（The views of the Government of Japan on issues of history including "comfort women"）というのがある（日本語版は見つけることができなかった）。まさに「平謝り」の内容なのだが、そのなかに次の文章が登場する。

> Recognizing that the "comfort women" issue was a grave affront to the honor and dignity of a large number of women, the Government of Japan, together with the people of Japan, seriously discussed what could be done for expressing their sincere apologies and remorse to the former "comfort women."
>
> （山岡訳）「慰安婦問題とは、大勢の女性の名誉と尊厳に対する甚大な侮辱であったと認識して、日本政府は、日本国民とともに、どうしたら元慰安婦に心からのお詫びと自責の念を伝えることができるか真剣に話し合いました」

さらに、次のような文章も登場する。

> Prime Minister Abe and his predecessors are deeply sympathetic and sensitive to

women who experienced immeasurable pain and suffering as the "comfort women". Japan has extended its sincere apologies and remorse to all those women on various occasions such as the statement by the Chief Cabinet Secretary Yohei Kono in 1993.

（山岡訳）「安倍首相とその前任者たちは、慰安婦として計測不能な痛みと苦しみを経験した女性たちに対して、深く同情し気遣っています。日本はそれらの女性たちに対し、一九九三年の河野洋平官房長官談話のように、さまざまな機会で、誠意ある謝罪と自責の念を表明しました」

これだけでは不十分と考えたのか、その後も外務省は、同じ趣旨を何度も繰り返す。二〇一四年十月十四日付の、「慰安婦問題に対する日本政府のこれまでの施策」という文章が日英両言語で掲載されている。ここでも「河野洋平官房長官談話において、この問題は当時の軍の関与の下に、多数の女性の名誉と尊厳を深く傷つけた問題であるとして、心からのお詫びと反省の気持ちを表明し、以後、日本政府は機会あるごとに元慰安婦の方々に対し、心からお詫びと反省の気持ちを表明してきた」とし、償いとしてアジア女性基金を開設したと続く。

さらに、二〇一五年八月十九日付の「歴史問題Q＆A」でも、「慰安婦問題に対して、日本政府はどのように考えていますか」という問いかけに対し、「日本政府としては、慰安婦問題が多数の女性の名誉と尊厳を深く傷つけた問題であると認識しています。政府は、これまで官房長官談話や総理の手紙の発出《はっしゅつ》等で、慰安婦として数多《あまた》の苦痛を経験され、心身にわたり癒しがたい傷を負われたすべての方々に対し、心からお詫びと反省の気持ちを申し上げてきました」と再び強調している。

これではっきりした。外務省は、慰安婦問題に関しては、どんなに誹謗中傷されても、この問題を総じて「女性の尊厳を傷つけた問題」とだけ総括し、「強制連行や性奴隷としての扱いはなかった」などと一切反論せず、ひたすら心からのお詫びと反省の気持ちを表明するのが正しいと信じて、その方針を頑《かたく》なに守っているのである。日韓合意は、岸田外相と安倍首相にその方針を再確認させる儀式だったのだ。

河野談話が大好きな外務省

素朴な疑問が湧く。あれほど河野談話が元凶だと騒がれ、わざわざその作成過程の検証を行い、韓国側の意向を慮《おもんぱか》ってのすり合わせがあったことが証明されたではないか？　それはどこに行ったのか。

外務省ホームページには、「慰安婦問題を巡る日韓間のやりとりの経緯～河野談話作成からアジア女性基金まで～」という文章が日英両言語で掲載されている。しかし、この文章と全く同じ日付（二〇一四年六月二十日）で、菅《すが》官房長官のタイトルのない談話が掲載されている。英語の文章しか見つからないこの談話の趣旨は、以下のとおりだ。

「石原官房副長官による、河野談話の作成過程において、韓国側との内容のすり合わせがあったという衆議院予算委員会における証言に基づき、日本政府は三人の女性を含む有識者のチームを作って事実関係を検証しました。今日の午後、日本政府はその結果を衆議院予算委員会に提出しました。いずれにしても、私どもは河野談話を変更することはないと再確認いたします。慰安婦問題に関しましては、計測不能な苦しみを経験された全ての方々に思いをはせる現政府のスタンスは変わりません。韓国は日本にとって最も大切な隣国でございます。安倍政権が日韓関係に継続的に重視し、さまざまなレベルでの対話を通じ、韓国との協調を進展させるという安倍政権のスタンスは決して変わりません」（山岡訳）

この談話では、調査結果の内容についてまったく触れられていない。これを読んだ誰もが、「日本政府は調査結果を無視して、河野談話にはいっさい手を触れずに尊重いたしますと宣言し、韓国に詫びを入れている」と理解するだろう。このように、河野談話成立過程の検証努力は完全に無効化されている。

こんな有様だから、「二十万人強制連行と性奴隷化」を明確に否定した、二〇一六年一月十八日付参議院予算委員会での中山恭子議員に対する安倍総理の答弁も無視されている。厳密に言えば、二〇〇七年三月十六日付の「衆議院議員辻元清美君提出安倍首相の『慰安婦』問題への認識に関する質問に対する答弁書（平成十九年三月十六日閣議決定）（抜粋）」という文章は掲載されている。しかし、このような抜粋の掲載では、閣議決定であるにもかかわらず、何を言わんとしているのかさっぱり伝わらない。本来なら、閣議決定された答弁書こそが政府の見解ではないのか？

事態を悪化させるだけの外務省の不適切な英訳

私はかねてより、外務省の英訳があまりにも自傷的で不適切だと指摘してきたが、今回、今でも日本政府の公式見解とされている河野談話にも、その実例を発見した。河野談話には次のくだりがある。

「いずれにしても、本件は、当時の軍の関与の下に、多数の女性の名誉と尊厳を深く傷つけた問題である」

英語版では、この「いずれにしても」が〝Undeniably ＝ 否定できないほどに〟と訳されているのだ。私は慰安婦問題の最前線で戦い続ける市民団体の代表として、あらためて外務省の回答を求めたい。誰がこのような訳をしているのか。これは意図的なのか？

今回、外務省のホームページを見直すことで、外務省の主流派が依然として「慰安婦問題を漠然とした女性の人権侵害問題と捉《とら》え、たとえ事実に反する誹謗中傷があっても決して反論せず、国民が深く反省し、河野談話で謝罪し、アジア女性基金で誠意ある償いを実行したと繰り返し訴え続けることこそが最良だ」と信じ、譲る気がないと確認できた。このフレームワークが「敗戦レジーム」であり、この枠内で行動する限り、安倍政権が戦後レジームから脱却することは不可能だ。

百歩譲って、このようなアプローチで相手が納得し、問題が解決するのなら、外務省主流派の考えにも一理あるかもしれない。しかし現実の状況は、悪化する一方だ。国際社会では、弱いと見做されたら徹底的に攻撃される。塹壕《ざんごう》のなかで頭を抱えてじっとしていれば、いずれ攻撃は止むと考えるのは間違いで、一発も撃ち返してこないとわかれば、頭上から爆弾が雨あられと降り注いでくる。大金でメディアを買収し、捏造でもなんでもする。「日本人は謝りたくて仕方がないらしい。理解できない精神構造だが、徹底的に利用して攻撃しよう」と考え、日本を支配下に置くまで止めない。それが世界の現実だ。

ではなぜ外務省は、効果がないとわかっているフレームワークに固執するのか？　日本の名誉や国益を守る効果はないが、外務省主流派にとっては最も利益があるからではないか。つまり、戦後レジームの守護者である外務省主流派にとり、戦勝国およびGHQによって批判を禁じられた韓国の意向に沿い、歓心を買うことこそが、もっとも大切な仕事で、それが日本国の国益よりも上位に位置づけられているからではないのか？　さもなくば、自らが理想とする「高邁《こうまい》な理念」を守ることが、国益を守ることより大切と考えているのだろうか？

外務省内に、日本のために必死に努力している人が数多くいることは承知している。しかし、ホームページ上の「平身低頭の戦後レジーム死守」の姿勢を見ると、こうした疑念が頭をよぎる。これも、日本が依然として占領下に置かれている証であろう。

第六章　ひどすぎる日本人の英語発信力

海外メディアに訳された「計測不能な痛み」とは?

海外在住歴の長い私が、自信を持って言えることがある。それは、日本語は美しく豊かな言語だということだ。たいへんユニークな言語でもある。大昔、日本列島に南方や北方から渡ってきたさまざまな民族が列島内で融合を続け、外部とは隔絶された状態が長く続き、独自の言語体系と文化を生み出した。多くの日本人は閉ざされた世界で自己完結して生きており、他文化との軋轢《あつれき》を意識する機会が少ない。それは幸運でもあると同時に、日本民族に致命的な弱点をもたらしている。

英語発信力に乏しいという日本人の弱点は、世界のグローバル化が加速度的に進むにつれて顕著になっているが、ビジネスの世界で気付く人は多くても、実は安全保障の面においてこそ重大な問題であることに気付いている人は少ない。そして、この日本人の弱点を徹底的に突いてくるのが、朝日新聞に代表される反日勢力だ。英語に疎《うと》い一般の日本人は、攻撃されていることすら知らずにいる。

慰安婦問題にかかわるようになってから、私は日本の政治家の発言をより注意深く聞いているが、「自分の発言が英語にどう訳されうるか」を意識して話している政治家は、ほぼ皆無であると言っていい。

なにも、政治家ならだれでも英語ができなければならない、と言っているのではない。大切なことは、自分の発言が英語をはじめとする外国語に訳されることを前提として、誤解が生じないように言葉を選択しなくてはならないということだ。そのためのアドバイザーが必要だが、外務省がその役目をまったく果たしていないことは明らかだ。

日本語として耳触《みみざわ》りがいいかどうかは重要ではない。あらゆる日本の政治家に、いますぐ使うのを止めていただきたい常套句《じょうとうく》がある。

「筆舌《ひつぜつ》に尽くしがたい痛みと苦しみを味わった、慰安婦の方々」

日本人なら聞き流してしまうだろう。これは具体的な事実を述べているのではなく、「いろいろと苦労されたであろう」と、元慰安婦への同情を表現しているのかもしれない。

しかし、日本の政治家がほとんど無意識に、この常套句を繰り返し使うのを聞くたび、私は溜め息をつく。この「筆舌に尽くしがたい痛みと苦しみ」は、海外メディアにどう訳されているだろうか？

Immeasurable pain and suffering beyond description.

これを日本語に訳し直すと、「計測不能な痛みと表現不可能な苦しみ」（山岡訳）となる。いったい、日本軍は慰安婦にどんな悪行をしたのか。この英文を読めば、相当ひどいことをしたことだけは間違いないと思う。これだけで、世界は「日本が蛮行の罪を認めた」と解釈するだろう。日本の政治家は自ら「自滅的発言」を自覚なく繰り返しているのだ。

同情を表す目的なら、別の適切な言葉を選ばなくてはならない。不適切な常套句を無自覚に繰り返し使用する愚は、直ちに止めるべきだ。日本の政治家の発言を海外メディアはいかに訳すか、調べてみれば、そうした自滅的表現の英訳が、驚くべきことに日本発であることがわかる。海外メディアより先に、日本の外務省がそう訳しているのだ。

二〇一五年十二月の突然の日韓慰安婦合意以降、海外メディアはここぞとばかりに「日本政府が強制連行と性奴隷を認めて公式に謝罪した」と報道し、なかには意図的に虚偽の誇張をして日本を悪魔化する例も多く見られた。

その現状にほとんどの日本人が気づいていないことを憂慮し、我々はＡＪＣＮレポートを出して注意を喚起した。その情報が拡散され、二〇一六年一月十八日の参議院予算委員会における中山恭子「日本のこころを大切にする党」代表の質問に結び付いたのだが、私は回答に立った岸田外相が「従来の政府見解を踏襲している」と繰り返したことに留意した。

つまり日本政府からすれば、「韓国に妥協したといっても、従来の政権の見解から踏み出したものではないので、なぜそのようにバッシングを受けるのかわからない」と言いたかったのだろう。自分たちの発言がどう英訳されて解釈されるか、やはり無自覚なのだ。

なぜここまで「自滅的表現」を使うのか

日韓合意に関する外務省の英語は、本当にひどいものだった。あらためて日本政府のオリジナルの声明、外務省の英訳、その英訳を日本語に訳し直したものを並べて示す。

・日本政府の声明

「安倍内閣総理大臣は、日本国の内閣総理大臣として改めて、慰安婦として数多の苦痛を経験され、心身にわたり癒しがたい傷を負われた全ての方々に対し、心からおわびと反省の気持ちを表明する」

・外務省の英訳

As Prime Minister of Japan, Prime Minister Abe expresses anew his most sincere apologies and remorse to all the women who underwent immeasurable and painful experiences and suffered incurable physical and psychological wounds as comfort women.

・右記の英文を日本語に訳し直したもの（山岡訳）

「安倍内閣総理大臣は、日本国の内閣総理大臣として改めて、慰安婦として、計測不可能な苦痛に満ちた経験をされ、治癒不能な肉体的および精神的な傷を負った方々に対し、心からおわびと反省の気持ちを表明する」

問題の本質は、先述の「筆舌に尽くしがたい痛みと苦しみ」と同じである。抽象的で、ややもすれば文学的表現だが、このように英語に訳されてしまえば、海外メディアと外国政府がどのように反応するか、予想は難しくない。

重要なのは、この不適切な英訳を日本の外務省が自ら行っているということだ。なぜ、わざわざ自分の首を絞めるようなことをするのだろうか。

自滅的表現の源流は村山政権にあり

その答えの一端が、岸田外相の「従来の政府見解を踏み出していない」という言葉に表れている。つまり、日本政府はこれまでずっと、こういう表現を公式に繰り返してきたのであり、日韓合意における日本政府の声明でも、外務省は修正しなかったのだ。

このような自滅的表現の源流を辿れば、村山政権時に始まった「アジア女性基金」に辿り着く。アジア女性基金は、一言で言えば〝日本軍による人道的罪を認めてお詫びし、償うことで問題を解決しようとする事業〟だった。

この「アジア女性基金」には大きな問題点が二つあった。まず、「歴史問題としての慰安婦問題」は反日勢力による情報戦のツールの側面が強いので、そもそも謝罪とか償いで解決しきれる性質の問題ではないということ。また、具体的な事実関係を明確にせず、漠然と謝罪することは、国際社会では絶対にやってはいけなかったことである。

「何が事実で何が事実ではないか」を明確にし、自らの立ち位置を明確にしないまま謝罪すれば、相手に言われるがまま、あらゆる罪を被《かぶ》ることになる。日本政府は明らかに、この点に無自覚だった。

「アジア女性基金」事業の一環として、元慰安婦に手渡された橋本龍太郎首相の手紙を見てみよう。

・日本語原文

「私は、日本国の内閣総理大臣として改めて、いわゆる従軍慰安婦として数多の苦痛を経験され、心身にわたり癒しがたい傷を負われたすべての方々に対し、心からおわびと反省の気持ちを申し上げます」

・外務省の英訳

As Prime Minister of Japan I thus extend anew my most sincere apologies and remorse to all the women who underwent immeasurable and painful experiences and suffered incurable physical and psychological wounds as comfort women.

・右記の文を日本語に訳し直したもの（山岡訳）

「私は、日本国の内閣総理大臣として改めて、いわゆる従軍慰安婦として、計測不可能な苦痛に満ちた経験をされ、治癒不能な肉体的および精神的な傷を負った方々に対し、心からおわびと反省の気持ちを申し上げます」

明らかに、日韓合意における声明はこの手紙のコピーである。岸田外相の「従来の政府見解を踏襲している」という答弁の真意は、「過去に出した文章をコピー&ペーストしただけです」と言いたいのがわかる。

この日本語表現と英訳の重大性に無自覚であることが、最大の問題であることがおわかりいただけるだろう。英文を読めば、「日本軍が女性を強制連行した挙げ句、劣悪な環境で酷使した」と解釈して不思議ではない。こうした公式声明を出したあとに「強制連行はしていません。拷問などしていません」と釈明しても、あまりにもちぐはぐで説得力に欠ける。

村山政権下の外務省は、村山首相の方針である「徹底した懺悔《ざんげ》と謝罪」をベースに作文した。その後の政権は安倍政権に至るまで、何の修正も加えずにコピーを繰り返した。「波風たてず」が習い性となった外務省が、自発的に訂正するわけがない。

「日本の蛮行」を固定化した日韓合意

これでは、海外での誤解は広まるばかりで、日本の立場が改善するはずがない。むしろ日韓合意によって、「日本の蛮行」は決定的に固定化されてしまったといってよい。日本政府はこの本質的な問題に無自覚なため、自滅的な結果を招いてしまっている。

日韓合意に肯定的な方は、よく「安全保障を優先した判断は正しい」とおっしゃるが、安全保障はミサイルなどの武力にかかわることばかりではない。戦争はいつも情報戦から始まる。捏造《ねつぞう》した情報をばら撒いて相手国内を攪乱《かくらん》し、相手を悪魔化して孤立させ、交戦を肯定する世論を作るのだ。

昭和初期、「田中上奏文《じょうそうぶん》」なるものが大陸を中心に流布《るふ》された。田中義一《ぎいち》首相が昭和天皇に極秘に提出した文章とされ、「支那を征服するためにはまず満蒙を征服しなくてはならず、世界を征服するためにはまず支那を征服しなくてはならない」という趣旨が書かれていた。これは内容に矛盾があり、中国語と英文でしか確認されていない偽文書とされるが、日本政府が十分な対策を怠ったがゆえに、日本が世界征服を狙っているというプロパガンダとして有効に機能し、日本は孤立した。

情報戦とは本格的な戦争の前哨戦《ぜんしょうせん》であり、相手が仕掛ける情報戦をいかに無力化するかが安全保障上、極めて重要な戦略となる。

前述したように、「歴史問題としての慰安婦問題」は反日勢力によって情報戦のツールとして使われているのだから、歴史問題こそ安全保障上、重要な要素であるのを忘れて「安全保障優先」を言うのは、論理的に矛盾している。

「アジア女性基金」が挺対協の妨害によって頓挫《とんざ》したとするならば、それこそ「慰安婦問題」が情報戦の一端である証拠だ。私には、日韓合意が現実主義の政治に基づく判断とは思えない。

私が危惧《きぐ》するのは、日本政府は英語による発信を外務省に丸投げし、内容を自分たちで吟味する作業を怠っているのではないかということだ。一般企業に置き換えて考えれば、自社が発信する公的なメッセージを広報部に丸投げして、経営陣がいっさいチェックしないことがあるだろうか。

近年、対外発信機関を外務省とは別に作るべきだという議論がなされているが、同時に、外務省の英訳が適切かどうかをチェックする機能が官邸になければならない。さもなければ、自滅的な表現を無自覚に繰り返しながら、なぜ状況が悪くなるのか理解できないという情けない状況から脱却できない。

私がこう主張すると、「そんなことができる人材はいませんよ」と反論されるが、そんなはずはない。官邸サイドがその機能の必要性を感じていないだけであろう。一市民団体に過ぎないＡＪＣＮでさえ、対外発信における英語表現には非常に気を遣っている。我々は、これまで膨大《ぼうだい》な英語による発信を行ってきた。メンバーからの発信のタイミングや内容についての意見を参考に、その多くを私がドラフトしているが、重要なものは必ず欧米人メンバーのチェックを受けている。

目的は文法チェックだけではなく、こちらの意図が的確かつ効果的に伝わる表現を吟味することだ。

問題は、英語ネイティブの欧米人といっても、人によってスタイルが異なることだ。ソフトなレトリックを好む人から過激な文体を好む人までさまざまだが、どれが正しいとか間違っているという問題ではなく、それぞれの状況に最もふさわしいものを選択することが重要になる。

最終的には、私が自分の責任でどのスタイルを採用するかを判断するが、あえて直されたものを元に戻すこともある。一市民団体でさえこれだけ神経を使っているのだから、一国の政府が外務省に丸投げでいいわけがない。それでどうやって苛烈《かれつ》な情報戦に対処するというのか。

朝日新聞英語版の執拗な印象操作

日本人が英語に疎《おろそ》かなのを突き、密かに攻撃を繰り返す反日勢力の代表が、朝日新聞である。二〇一四年八月、朝日新聞は慰安婦問題に関する検証記事において、吉田清治《せいじ》の証言を虚偽と認定し、誤報を認めて過去の記事を撤回した。

国内ではこの件について、さすがの朝日新聞も反省したと考えられている。ところが、朝日の英字版ではいま現在も「慰安婦強制連行説」を流布し続けているのだ。

朝日新聞は、ひたすら同じ表現を繰り返し挿入することで読者を洗脳する、ほとんど「サブリミナル効果」を狙っていると思える手法だ。一般読者は、まさか同じ朝日新聞の日本語版と英語版で内容が違うとは想像しないだろうし、日本語版と英語版を並べて比較することなど思いつかない。

そもそも、英語版をわざわざ読む日本人はごく少数だ。朝日はこの隙間を突く作戦を実行している。我々は二〇一六年一月から三月の朝日の慰安婦関連の記事を検証して、以下の発見をした。朝日の英語版で「慰安婦」と書くとき、必ず関係代名詞で受けて「第二次世界大戦前、および大戦中に、日本兵にセックスの供与を強制された慰安婦」と表記する。

Comfort women, who were forced to provide sex to Japanese soldiers before and during World War II.

あるいは文脈に関係なく、文字どおり判で押したように、「慰安婦は、第二次世界大戦前および大戦中に日本兵にセックスの供与を強制された、多くの韓国人を含む女性の婉曲《えんきょく》表現である」と書く。

"Comfort women" is a euphemism for women, including many Koreans, who were forced to provide sex to Japanese soldiers before and during World War II.

あるいは、「婉曲的な呼び名である慰安婦は、第二次世界大戦前および大戦中に日本兵のためにセックスの供与を強制された。その多くは、終戦まで日本の植民地だった朝鮮半島出身だった」という意味の、

"Comfort women", as they are euphemistically called, were forced to provide sex for Japanese soldiers before and during World War II. Many of them were from the Korean Peninsula, which was under Japanese colonial rule until the end of the war.

という文を挿入する。これらの文は日本語版には決して現れないが、英語版では必ず登

場する。たとえ外務省の杉山審議官が国連で「慰安婦の強制連行」を否定しても、それを伝える記事には機械的にこれらの文が挿入されるのである。明らかに、社のポリシーとして組織的に行っていると考えられる。

国民を愚弄する朝日新聞

朝日新聞は一九九七年以来、「朝鮮半島で軍による組織的な強制連行はなかったが、自由が拘束されるなどの広義の強制性はあった」と理論のすり替えを行ってきたはずだった。しかし上記の英語表現には必ず、“forced to provide sex”という表現が使われており、誰が読んでも「強制連行」、すなわち狭義の強制を想起させる。

また、日本の一部として併合されていた朝鮮半島をあえて「植民地支配」(under colonial rule）と表記し、慰安婦の大半が朝鮮半島出身だったとすることで、あたかも日本軍が植民地の女性を強制連行して兵士相手の性行為を強要したかのような「植民地搾取」の印象操作を行っている。

朝日の巧妙なところは、forced to provide sex という極めて直接的な表現（この表現を英語話者はあまり使わない。和製英語といえる）を使う一方で、prostitution（売春）、brothel（娼館）、sex workers（性ビジネス従業者）といった単語をいっさい使わないことだ。

慰安婦は基本的に売春婦なので、報酬を得ていたわけだが、朝日はそのような表現を避け、ひたすら「日本軍に性行為を強要された日本の植民地である朝鮮半島出身の女性たち」という記述を繰り返す。sex slave（性奴隷）という表現を避けながら、慰安婦が実質的に性奴隷であったという意味伝達を行っているのだ（詳しくは、AJCNブログの以下のレポートを参照されたし。http://jcnsydney.blogspot.jp/2016/03/blog-post.html）。

こういうことを国民に隠れて行いながら、渡辺雅隆朝日新聞社長は雑誌のインタビューに答えて、次のように述べている。

「慰安婦関連の証言は他紙も報じており、朝日だけが書いたと批判されるのはどうか、との思いもありますが、それは他紙が自分で考えることです。朝日は今後も、慰安婦をめぐるさまざまな議論を萎縮《いしゅく》せず書いていきます」（『週刊ダイヤモンド』「ジャーナリズムは会社の柱、慰安婦問題でも萎縮はしない」二〇一六年三月十九日号）

意図的に国民を愚弄《ぐろう》する朝日新聞に、反省を求めるのは不可能だ。渡辺社長によれば、朝日は未だに六百六十万部の販売部数を誇るそうだが、こうしたジャーナリズムとはかけ離れたプロパガンダは、一般市民が声をあげて、即刻止めさせなくてはならない。

第七章　朝日新聞の背信〜どこまで日本をミスリードするのか

朝日新聞から〝反論〟がきた

かねてより筆者は朝日新聞がデジタル英語版で「慰安婦強制プロパガンダ」を執拗《しつよう》に流布《る ふ》していることを指摘してきた。このたび、この論点が北米カリフォルニア州在住の日系住民を原告とする対朝日新聞訴訟「朝日・グレンデール訴訟」の原告弁護団に採用されたのだが、朝日弁護団から原告弁護団に対して、裁判所を通じた正式な反論があった。

筆者の主張にかかわる点について、この場で反論するとともに、日本人が知らないところで、いかに朝日新聞が日本を貶《おとし》める英語発信を行い、放置しているかを検証したい。

朝日新聞は筆者が問題点を指摘したあとも、悪びれることなく英文による「慰安婦強制プロパガンダ」を継続している。たとえば、二〇一六年六月五日付の朝日新聞デジタルに、「慰安婦問題　合意の意義かみしめて」というタイトルの社説が掲載された。その内容を要約すると、以下のようになる。

・日本政府は大使館前の慰安婦像撤去に固執せず、韓国に十億円払え
・日本政府は日中韓の反日団体によるユネスコ慰安婦申請を妨害するな
・慰安婦が存在したことは事実だ
・日韓両政府は合意の意義をかみしめて履行の努力を強化せよ

そして英語版にだけ、「慰安婦とは第二次世界大戦前と最中、日本帝国軍人に性交を強制された女性たちの婉曲《えんきょく》的表現である（“Comfort women” is a euphemism for women who were forced to provide sex to members of the imperial Japanese military before and during World War II.）」という〝お決まり〟の文が挿入されている。

このような行為に対し、筆者は「なぜ英語版だけにこの判で押したような表現を挿入するのか？　『forced to provide sex』という表現は、まさに朝日が自ら定義するところの狭義の強制を想起させ、読者は強制連行、性奴隷化が行われたと解釈してしまう」と指摘した。それに対する朝日の反論は次のようなものである。

・forced to provide sex to ～ と挿入するのは、読者の理解を深めるための説明を加えた

ものである

・forced to provide sex とは書いたが、性奴隷（sex slave）とは書いていない

・英文で、慰安婦とは日本軍が女性狩りをして性奴隷にしたもの、という表現の発信はしていない

他に答えようがないのか、人を馬鹿にしているのか、その両方であろうか。forced to provide sex が慰安婦の説明なのはわかりきっている。なぜ英語版だけに挿入するのか、合理的な根拠はあるのかという問いに全く答えていない。

また、「forced to provide sex とは書いたが、sex slave とは書いていない」と主張するのは、「他人の物を盗んだとは書いたが、泥棒とは書いていない」と強弁するのに等しい。

詭弁による虚偽が発信される「構図」

朝日は、以下の英文記事を発信したことを忘れてしまったのだろうか？

・朝日イブニングニュース（一九九二年八月三十一日付）

「性奴隷拉致《らち》犯、許しを請う（Sex Slave Abductor Begs Pardon）」

韓国人女性を拉致して前線の娼館で働かせたことを公に認めた日本人の男が、水曜日に韓国の首都ソウルで開かれた戦没者追悼式で自らの戦争犯罪について謝罪した。吉田清治《せいじ》(78)は日本政府が「慰安婦」と呼んだ元性奴隷の女性たちの前で、「生きている限り、日本政府に賠償させる努力を続ける」と語った。

「この女性たち以上に不幸な人々はいない。これ以上の人権侵害はない」。娼館で強制的に働かされた韓国人女性の手を取って吉田は言う。「土下座して謝りたい」。

ここ数か月、吉田はテレビやインタビューで、一九四三年から一九四五年の間、軍事警察を率いて韓国郊外で韓国人男女を駆り出したと証言した。誘拐された女性のうち、約一千人が軍隊用の娼館で働くことを強《し》いられたと吉田は語った(山岡訳)。

この記事のタイトルで「性奴隷拉致犯人」と描写されているのは、言わずと知れた吉田清治である。本文では、慰安婦を性奴隷と決めつけている。要するに朝日の英文記事ではすでに、慰安婦とは強制連行(拉致)された性奴隷である、という構図が出来上がっていたのだ。

したがって、「性行為を強制された」とは書いたが「性奴隷」とは書いていない、と今になって主張するのは詭弁《きべん》であり、「英文で、慰安婦とは日本軍が女性狩りをして性奴隷にしたもの、という表現の発信はしていない」という主張は完全な虚偽である。

英語版では撤回も訂正もなし！　朝日は反省などしていない

朝日の抗弁は続く。

「Forced to provide sex との記述は、性的行為を強いられたとするもので、慰安婦が朝鮮半島から強制連行されたとするものではない」

やはり、日本の英語教育には相当の問題があると言わざるを得ない。「慰安婦とは性行為を強いられた女性たちである」と書いた直後に、「女性たちの多くは日本の植民地だった朝鮮半島出身だった（from Korean Peninsula）」と続ければ、文脈上、読者は女性たちが朝鮮半島から連行されたと解釈してしまう。朝鮮半島出身を「from Korean Peninsula」と表記すればなおさらである。

さらに、朝日は過去に次の英文記事を発信したことを忘れてしまったのだろうか？

・朝日イブニングニュース（一九九二年一月十三日付社説）

「歴史から目をそむけまい（Don't Look Away From History）」

日中戦争、そして第二次世界大戦中、韓国人女性は兵士相手の売春を強制された。ボランティア部隊を装いながら、実際には軍の方針に従って、中国やアジア太平洋全域に赴くように誘導されたり、強制的に移送されたりしたことは一般的に知られている(common knowledge)。

日本の植民地政策下で、無数の韓国人男性が強制労働や徴兵に駆り出され、無数の韓国人女性が売春を強制された事実は変わらない。これは太古の歴史ではない。たった五十年前の日本で行われたことなのだ。我々にはこの最近の歴史の重荷を背負う義務がある(山岡訳)。

この記事で朝日は、韓国人女性が日本軍によって強制的に移送され、売春させられたことは周知の事実(common knowledge)だと断じている。この記事は、撤回も訂正もされていない。

ずっとこのように報じてきた朝日の記事で、「慰安婦とは日本軍兵士との性行為を強いられた女性たちである。その多くは朝鮮半島出身だった」という記述を読んで、強制連行を想起しない読者がいるだろうか？　朝日は英語版において、いま現在も実質的に同じことを報じているのである。唯一の違いは、かつては「強制売春」と書いていたのに、現在は「強制的な性行為」とだけ表記していることだ。売春ではない性行為を強いられた存在とは何であろうか？　性奴隷ではないのか。

自らの発言も矛盾だらけ？　外務省に責任転嫁

諦めない朝日は、他者に責任を転嫁《てんか》する。

「アジア女性基金は慰安婦について、Forced to provide sexual services to officers and soldiers としており、forced to provide sex という表記が適切であることは明らかである」

たしかに、アジア女性基金のデジタル博物館を見ると、慰安婦の定義としてそのような表現が出てくる。これは不適切な表現だからあらためて外務省に問題提起するが、朝日には次の点を指摘したい。

Forced to provide sexual services と書くと、売春行為を強いられたという印象を受ける。日本語とは違い、英語でサービスと書くと通常は有料である。それに対して、前述したようにサービスという単語を落として forced to provide sex とだけ書き、女性の多くは朝鮮半島からだったと続けると、文脈から強制連行されて性奴隷にされたという印象を与える。強制連行せずして性行為を強要することは、通常不可能だからである。したがって、アジア女性基金の表記と同一ではない。

さらに、次の二点で従来の主張と矛盾している。朝日は一九九七年、「広義の強制」「狭義の強制」という独自の定義を提示しながら、台湾や朝鮮半島では「狭義の強制」すなわち、強制連行はなかったと結論したのに、Forced to provide sex は、英語話者が読めば明らかに「狭義の強制」と解釈できる。さらに九三年以降、強制連行という言葉をなるべく使わないようにしてきた、という主張とも矛盾している。

朝日新聞はアジア女性基金に責任を転嫁するのではなく、自らの主張の矛盾を率直に認めるべきだ。彼らは常に「自分たちだけが悪いのではない、あの頃はみな混同していた」と強調する。しかし、混同したことと、殊更《ことさら》に強調したことは違う。そこを理解しようとしないから、次のような反論になるわけだ。

「韓国において、一九四五年の終戦直後から一九六〇年代前半までには、挺身隊＝慰安婦との混同が生じ、挺身隊の名のもとに連行されて慰安婦にされたとの認識が広がっており、そのように報道されていた」

こう述べて、当時の新聞記事を証拠として複数あげている。しかしそのような混同が戦時中から存在していて、一九六〇年代前半には一般化していたとしても、一九六五年の日韓基本条約締結時、韓国側からは何の提議もなかった。

つまり韓国側は、それから二十年以上も経って朝日がキャンペーンを始めるまでは、日本に賠償を請求できる性質のものだと認識していなかったのである。

東亜日報に飛び火し、おぞましい誤報が拡散

さらに朝日は次のように主張する。

「一九九二年七月に発表された韓国政府中間報告書においても、『わが国内では勤労挺身隊と軍隊慰安婦が混同されており、一般的には挺身隊と通称しているが、概念を区別する必要がある』としており、韓国内で挺身隊と慰安婦が混同されていたことを認めているのである」

そもそも、一九九二年になってから、なぜ韓国政府が慰安婦問題について調査したのか。それはまさに、朝日がこの問題に火をつけたからである。そして、韓国政府が一九九二年七月の時点ですでに挺身隊と慰安婦の混同を認めていたのなら、なぜ朝日は二〇一四年八月まで放置したのか？　悪意があると疑われても仕方がない。

九〇年代初頭の朝日の英文記事を見ると、ただの混同では済まされない表現が頻出する。たとえば、一九九一年七月十八日付の朝日イブニングニュースには次のような記事がある。

「戦時中の韓国人娼婦謝罪を求める（Korean Wartime Prostitutes Demand Apology）」

韓国と日本の女性団体が慰安婦問題の調査を始め、当時の海部《かいふ》俊樹《としき》総理に「六つの要求」を送ったと伝えるこの記事は冒頭、次のように始まる。

「日中戦争と第二次世界大戦中、日本は独身の韓国人女性をいわゆる女子挺身隊として召集したが、実際には慰安婦（売春婦）としてさまざまな前線に送り出していた」（山岡訳）

これは「混同」の域を超えているのではないか？　朝日はいい加減、「混同していたのは自分だけではない」という言い逃れを止めるべきだ。

このように、朝日がかつて英文で発信し、放置している慰安婦関連の記事を読むにつけ、背筋が寒くなる。これらを読んだ英語話者は、間違いなく「日本人は極めて野蛮な民族だ」と思っただろう。しかし、「野蛮」に加え、さらに「変態」にされてしまったことに、ほとんどの日本人は気付いていない。

いま、世界中に建っている慰安婦像を見て違和感を覚えないだろうか？　なぜ慰安婦があのように若いのか。まるで子どもである。そう、あの慰安婦像は小学生だ。小学生の慰安婦など荒唐無稽《こうとうむけい》だ。では、なぜ存在しなかった小学生慰安婦が銅像になっているのか？　それには訳《わけ》がある。

一九九一年九月十六日付朝日新聞大阪版に「女たちの太平洋戦争　読者の手紙　教え子を女子挺身隊に……池田正枝（68）」という記事が載った。要点は以下のとおりである。

池田正枝氏は韓国生まれの教師で、十一、十二歳の教え子の少女たちを挺身隊として半島から富山の軍需工場に送った。敗戦時、五人の帰国を確認したが、残るひとりの消息がつかめず、四十六年間、悩み続ける。しかし発見された少女は元気で、五人の子の母になっていた。そこで「挺身隊の年長の人は従軍慰安婦に送られた」と挺対協の尹《ユン》代表に言われ、従軍慰安婦の苦しみ、教え子たちの苦悩を知らなかったこと、南北分断の責任も私たちにあると反省した、という内容だった。

実際には、少女たちは全員日本の工場で働いて、無事に帰国していた。ひとりは学校に報告しなかったので所在不明だった。しかし、この記事がその後、とんでもない誤報に繋がっていく。

一九九二年一月十五日、当時の宮澤喜一首相訪韓の前日、朝日と提携関係にある東亜日報が衝撃的な社説を掲載した。

「十二歳の『挺身隊員』

本当に天と人がともに憤怒《ふんぬ》する日帝の蛮行だった。当時、この学校に勤務して、彼女らを挺身隊に送った日本人担任教師池田（68・女）は『勤労挺身隊』に送ったと話している。（中略）しかし、それは真っ赤な嘘だった。勤労挺身隊という名前で動員されたあと、彼女らを従軍慰安婦所に回した事実が、さまざまな人の証言で立証されているからだ。池田が罪責感のため、韓国の方向の空を眺めることができないまま独身で暮らしてきたと話すことをみても、池田は勤労挺身隊の正体が何かよく知っていたのだろう。このように動員された従軍慰安婦は八万〜二十万名と推算される」

完全な誤報である。少女たちを慰安所に回したという証言は、今日に至るまでどこにも出てこない。朝日はこれが完全な誤報であることを知り得たはずだし、池田氏に確認することもできたはずだが、それをしなかったばかりか、翌十六日には英文だけで次のような記事を発信している。英文だけというところに、朝日の悪意を感じる。ここで、すでに性奴隷という言葉が使われていることに留意してほしい。

・朝日イブニングニュース（一九九二年一月十六日付）
「韓国の女子小学生が日本兵の性奴隷にされたとの告発（Korean Primary School Girls Allegedly Used as Sex Slaves for Japanese Soldiers）」
重要な記事なので、山岡による全訳を紹介する。

「第二次世界大戦中に、何万人もの韓国人女性が強制的に参加させられ、日本軍に性奴隷を提供していた部隊のなかに、小学生の少女たちが含まれていたと校長が述べた。この校長の発言は宮澤首相の訪韓二日前になされ、戦時中の蛮行に対する謝罪と補償が不十分であると感じ、すでに怒っていた韓国国民を激怒させた。

ソウル南部のヨンヒー小学校の校長であるアンジュンボクは、学校で保存されている記録によれば、多くの十代はじめの生徒が挺身隊に召集され、前線の兵士に慰安婦として供されたという。アン校長によれば、記録は十年前に閉鎖され、ヨンヒー小学校に併合されたバンサン小学校のもの。記録によると、十一歳の少女五人と十二歳の少女ひとりが六年生のクラスから外され、第二次世界大戦最後の年に日本軍に奉仕させられた。

池田正枝という、一九四四年から一九四五年にかけて、バンサン小学校で教師をしていた六十八歳の女性が最近、アン校長の学校を訪れて記録をチェックした、とアン校長は言う。

東亜日報によれば、現在は日本の奈良県に住んでいる池田は、子供たちを送り出したことを常に後悔し、数年前に韓国に戻って少女たちの行方を追ったという。彼女は少女たちのひとりを見つけたと東亜日報に述べたが、詳細は語らなかった。

戦時中および統治時代、何万人もの韓国人が強制労働をさせられたり、売春を強要されたりといった非道について、日本は十分に反省していないと韓国人は感じている。

日本政府は一九六五年の国交回復時に解決済み、との姿勢を崩していない。多くの韓国人は、その解釈を拒否している」

この記事以降、日本軍は残虐であるばかりか、小学生まで性的慰《なぐさ》みものにする鬼畜変態集団にされていく。誤報であることを知り得る立場にいた朝日は何もせず、逆に「英語の世界だけで」このおぞましい誤報を拡散していく。

筆者は今回、新たに、朝日の報道のせいで大荒れとなった宮澤首相の訪韓後に、小学生性奴隷説をダメ押しで報じる英文記事を出していたのを発見した。

韓国マスコミと連動して「小学生慰安婦」を拡散

・朝日イブニングニュース（一九九二年一月二十日付）

「韓国が慰安婦問題で賠償請求か（ROK May Demand Compensation for Comfort Women）」

韓国の外相は宮澤首相がソウルを離れたほんの数時間後、第二次世界大戦中、日本軍相手の売春を強要された何万人もの韓国人女性に対する賠償を要求する可能性があると述べた。

今週、公にされた書類によれば、十一歳と十二歳の小学生が日本に徴用されたことがわかっている。日本は、少女たちは兵士のための調理や洗濯をするために徴用されたと述べているが、新たに明らかになっている証拠は異なる事実を示唆している。

最後の一文の英語は、"Growing evidence indicate otherwise"だが、これは少女たちが実は慰安婦にされていた証拠が続々と表れているという意味になる。

「小学生まで慰安婦に…」
批判強める韓国世論

【ソウル15日＝波佐場清】宮沢首相の訪韓を目前に、従軍慰安婦問題に対する韓国のマスコミの対日批判が一段と厳しくなってきた。十五日の新聞各紙は、国民学校（小学校）に通う朝鮮人少女が挺身（ていしん）隊に動員されていたことを示す学籍簿が見つかったことを慰安婦問題と絡めて大きく報道。新聞社や放送局に「憤怒」の電話が相次ぐなど、国民の対日感情が急速に悪化している。

韓国のマスコミには、挺身隊イコール従軍慰安婦としてとらえているものが目立ち、韓国民の多くは「日本は小学生までを慰安婦にしていた」と受け止めている。

東亜日報は一面、解説面、社会面などを使ってこの問題を展開。同様の学籍簿が新たに全国各地で見つかっていることを伝えるとともに、「少女を勤労挺身隊として動員し、従軍慰安婦に回した可能性がある」などと指摘。社説では、「天人ともに憤怒すべき日帝（日本帝国主義）の蛮行だ」とし、「日本が人道主義に基づいて問題を清算するよう、猛省を促す」とした。

中央日報は社会面トップの記事で、「政府は挺身隊問題の真相把握に消極的だ」と韓国政府を厳しく批判。社説では、「日本の首相が謝罪の意思を示すことになったが、それが単なる方便や形式的な修辞に終わってはならない」と論じた。

韓国の遺族会　日本大使館前でデモ

【ソウル15日＝小北清人】宮沢首相の韓国訪問を前に、元従軍慰安婦問題について日本政府の謝罪と補償を求めている韓国の太平洋戦争犠牲者遺族会（金鍾大会長）などの三百人が十五日、ソウルの日本大使館前でデモをして、一部の人が生卵を大使館に投げつけた。遺族会は「歴史の生き証人である元慰安婦たちの体験を聞いてほしい」と、訪韓を機に首相が元従軍慰安婦と会うよう日本大使館に求めていたが、訪韓の前日になっても連絡がなかったため、抗議となった。

世界　若草山

奈良・若草山の山焼きが十五日夜あった。観光客ら十五万人（奈良署調べ）が、夜空を染める赤い炎に

真剣な表情で「通し矢」に挑むはかま姿の新成人たち＝15日、京都市東山区の三十三間堂で

年賀はがき当選番号

1等（旅行券または衛星放送受信回路内蔵型AVテレビ）069350　794134

2等（腕時計、ティーカップセット、CDラジカセ、羽毛かけふとん、電子システム手帳の中から一点選択）

3等（ふるさと小包）下5けた

朝日新聞に訊きたい。この記事の証拠はいったいどこにあるのか？　池田正枝氏の教え子たちは全員無事に帰国していたことは知っていたはずだ。いまだに、彼女の元教え子たちが慰安婦にされていたという証言も証拠も提出されていない。

何を根拠に日本を悪魔化したのだろうか？

　ちなみに、一九九二年一月十六日、英語版で前述の「小学生慰安婦」報道をした同じ日、大阪版の「批判強める韓国世論」というタイトルの日本語記事で、「韓国のマスコミの対日批判が一段と厳しくなってきた」と他人事《ひとごと》のように報じていた。しかも同記事中に「韓国のマスコミには、挺身隊イコール従軍慰安婦としてとらえているものが目立ち、韓国民の多くは〝日本は小学生までを慰安婦にしていた〟と受け止めている」とまで書いていた。「小学生慰安婦」が誤報であることを知っていたような書き方ではないか。現に一九九二年三月七日、ソウル発コラム「透視鏡」には大意、以下のように書かれていた。

「韓国人の多くはいまも、挺身隊を慰安婦の同義語ととらえている。挺身隊と慰安婦の混同に見られるように、歴史の掘り起こしによる事実関係の正確な把握と、それについての情報交換の欠如が今日の事態を招いた一因になっているといえる」

　やはり、朝日は知っていたのだ。挺身隊と慰安婦の混同が誤解であることを。にもかかわらず、英文記事では挺身隊と騙して慰安婦にしたてあげ、「小学生慰安婦」の存在を裏付ける証拠がたくさん出てきたような発信をしていた。

　前年に、労働奉仕に徴用された小学生が慰安婦にされたと誤解される記事を掲載したことで火が付いた韓国のマスコミと連動しながら、自ら「小学生慰安婦説」をまことしやかに拡散していた朝日新聞。挺身隊と慰安婦が別物であると知りながら、日本語版と英語版を使い分けて、日本の悪魔化を進めていたのである。

朝日新聞が建てたも同然の小学生慰安婦像

二〇一七年一月二十七日早朝、自民党本部で「外交部会・日本の名誉と信頼を回復するための特命委員会・外交・経済連携本部国際情報検討委員会　合同会議」が開催され、釜山の慰安婦像や我々ＡＪＣＮの豪州での取り組みについて、外務省から説明があったという。多くの議員から意見が出され、産経新聞によると以下の発言があった。

「なぜ外務省の資料に『慰安婦の少女像』と表記されているのか。『慰安婦像』で統一すべきだ」（佐藤正久参院議員）

「『少女像』では少女が犠牲になったと誤解される。実在したと思われてしまう。『虚偽の少女像』という言葉を使って欲しい」（青山繁晴参院議員）

慰安婦像があのような少女であること自体が、悪質なプロパガンダだ。日本政府はそこにも言及すべきであり、安易に「少女像」と呼ぶのは言語道断である。反日団体は、意図的に慰安婦像を「平和の少女像」と呼んで、「敵意と暴力性」を覆《おお》い隠そうとしている。その悪意ある誘導に乗せられてはいけない。

ひとつ書き加えるが、私のこの指摘に対する朝日新聞の反論は「いくつかの英文記事はAP通信社が配信したものだ」というものである。これは言い訳にならない。他社の記事をベースにしていても、自ら掲載した以上は自社の責任である。

また、ここでの問題は前述のように、朝日が「小学生性奴隷説」を完全な誤報と知る立場にありながら、英語版では平然とそう断じる記事を流していたことだ。誤報だと気づいていなかったというなら、なぜ日本語版でも同じ誤報を伝えなかったのだろうか？

これでおわかりだろう。青山議員が言う、不自然に幼い「虚偽の少女像」が誕生する背景には、英語版朝日新聞の、日本人の盲点を突いた暗躍があったのだ。

朝日新聞は今日まで、英文記事はひとつも撤回していないどころか、いまも「慰安婦＝性奴隷」という印象操作を英語版で行っている。この新聞が日本と日本人に、今なお与え続けているダメージは計り知れない。慰安婦像を少女像と呼んではいけないのだ。

朝日新聞が「少女が工場で働くと騙されて慰安婦にされた」という虚報を垂れ流したことによって、異様に若い少女慰安婦像が世界中に建てられるようになった。いつのまにか背中に青い羽が生え、さながら宗教画に登場する妖精のように変化した像も多い。

そもそも空想上の偶像に過ぎないのに、この像を世界中に建てようとする反日団体は、さながらカルト教団である。彼らは、このような少女が慰安婦として現実に実在したかを検証しない。殉教者《じゅんきょうしゃ》として神格化されることが大切なのだ。

朝日新聞は、ほとんどの日本人が知らないところで、慰安婦と挺身隊の混用、強制連行、性奴隷化に加え、小学生の性的虐待の虚偽まで流布してきた。

韓国の教育テレビではつい最近まで、大学受験生向けの番組で吉田清治の証言を事実として教えていたことも判明している。朝日がどれだけ日本人を貶《おとし》め、悪魔化し、その結果、どれだけ国益を損ねたか、筆者は表現する術《すべ》を知らない。朝日は直ちにこれまで英語で発信した全ての虚報を撤回し、事実を伝えなくてはならない。小学生慰安婦など存在しなかった、と明言しなくてはならない。そして不毛な反論を止め、いまも続けるプロパガンダを停止しなくてはならない。

戦前は好戦的に戦争を煽りに煽った朝日新聞。戦後は真逆の方法で日本を滅亡に導いているが、その実態を日本人は知らない。

第八章　アジア女性基金の背信〜謝罪して名誉回復は成されたのか

「謝罪するまで死なない」政府間の和解を知らない？　被害女性

「安倍は私たちが皆死ぬのを待っている。でも、私は永遠に死なないのよ。日本政府が謝罪して賠償するまでは！」

二〇一六年二月十九日付豪州国営放送ＡＢＣのネット版ニュース。九十三歳（当時）のヤン・ラフ・オヘルネ氏が歯を見せて笑う。

彼女は第二次世界大戦中、日本軍占領下のインドネシアで発生したスマラン事件のオランダ人被害者のひとりである。豪州人男性と結婚し、現在は豪州アデレード在住。

スマラン事件とは、一九四四年、インドネシア駐留の日本軍南方軍幹部候補生隊の将校たちが、軍規を犯して複数の収容所からオランダ人と混血女性数十名を連行し、強制的に性行為の相手をさせたというもの。

被害者のひとりだったオヘルネ氏は五十年の沈黙を経たあと、韓国人元慰安婦の活動に感化されて声を上げ、書籍も上梓《じょうし》した。以来、日本軍による蛮行の被害者として世界を巡り、米国下院議会でも証言している。

最近では豪州において韓国系反日団体に担がれ、「慰安婦はレイプ被害者」と書かれた彼女の顔写真入りのバナーが頻繁に使用される。

「この人、アジア女性基金を知らないんですよね？」

このABCの記事を読んで衝撃を受けた方から、メールを受け取った。

この方はオヘルネ氏が、村山政権下で一九九五年に発足し、二〇〇七年に解散するまでいわゆる「償い事業」を行ったアジア女性基金のことを知らないに違いないと思った。無理もない。

この記事には、「九十三歳のオヘルネ氏は、いまだに日本政府の謝罪と賠償を求めている。日本政府が韓国人だけに賠償するのは不公平で、中国人やフィリピン人にも賠償すべきだ。オヘルネ氏は、豪州のビショップ外相が岸田外相に掛け合うことを期待している」と書かれている。

たしか、日本政府はアジア女性基金の事業を通じてオランダ政府と和解していたはずだ。しかし、この記事を読んだ人は間違いなく、「日本政府は韓国だけを特別扱いし、オヘルネ氏のような被害者を無視して死ぬのを待っている」と解釈するだろう。

なぜ、オヘルネ氏はこのような発言をするのか。どうしてこんなことになってしまったのか？

“日本軍の蛮行ありき”で世界に情報配信

慰安婦問題を全く沈静化できなかったという意味で、「アジア女性基金」は完全な失敗だったと解釈する人は多いし、私もそう考えている。しかし、あらためて考えたい。「アジア女性基金」とはいったい何だったのだろうか？

文献を見直すなかで、「アジア女性基金」元専務理事兼事務局長の伊勢桃代《いせももよ》氏が、二〇一五年六月十一日付で著した『「アジア女性基金」の経験と信頼構築への道』という文章に行き当たった。まさに中枢におられた方の所見を読めば、インサイダーの視点からヒントが得られるだろう。

読み始めてすぐ、「ああ、この方たちは個別事実の検証よりも、日本軍の蛮行ありきなんだな」とわかった。文章の冒頭で伊勢氏は、「アジア女性基金」設立の時代的背景をこのように振り返っている。

「韓国はソウル・オリンピック前後に民主化が大きく進展する中、一九九〇年代に入り、尹貞玉《ユンジョンオク》氏の慰安婦に関する取材記が『ハンギョレ新聞』に発表された。これを嚆矢《こうし》として慰安婦問題が日韓の歴史認識問題の大きなテーマになっていった」

なんと、虚構の慰安婦ストーリーを撒《ま》き散らした千田夏光《せんだかこう》も、吉田清治《せいじ》も、朝日新聞の虚報も登場しない。尹貞玉氏の取材記だけが契機だというのだろうか？　梨花《イファ》女子大学教授で、初代挺対協会長の尹貞玉氏の取材記は、千田や吉田の話をベースに書かれているというのに。

繰り返すが、この文章は二〇一五年に書かれている。朝日新聞が誤報を認めて、記事の撤回と謝罪を行ったあとに書かれているのである。

そこでインターネット上の「アジア女性基金デジタル記念館」を見ると、アジア女性基金が、元慰安婦を、吉田清治が描いたような暴力的な強制連行の被害者であることを前提にしていることがわかる。

たとえば、「慰安婦問題が明らかになるまで」というページはこのように始まる。

「『慰安婦』の存在は、日本でまったく知られていなかったわけではありません。戦争に行った人はある程度知っていたことです。しかし、そのことが社会問題としてとりあげられることはほとんどありませんでした。日本と朝鮮の関係に関心を寄せる人は、1965年ぐらいからこのような人々の存在を知っていて、朝鮮植民地支配がもたらしたもっとも残酷な結果がこの人々にあらわれていると考えていました」

話の前提として、慰安婦イコール朝鮮植民地支配がもたらした、もっとも残酷な結果と認識している。日本人慰安婦もたくさんいたことは、全く視野に入っていない様子である。さらに、次の箇所も見逃せない。

「朝鮮では、戦争の末期の1943年に女子勤労挺身隊の募集が始まると、これに応じると『慰安婦』にされるという噂が流れました。総督府がそのような噂は故意に流されたもので、事実無根だと否定すると、いっそう人々はそのことを本当だと考えるようになりました」

実際、事実無根だったのである。しかしこの文章はこのあと、それを明確にしないままに、実は慰安婦制度に政府の関与があったことが明らかになったという文脈で続く。前述した尹貞玉氏の取材記、証言が二転三転した金学順《キムハクスン》氏の証言、そして加藤紘一官房長官、河野洋平官房長官談話の揃い踏みだ。

これでは、読んだ人は「女子勤労挺身隊に応募した女性を慰安婦にしたのは本当だった」という印象を受けるだろう。世界に「強制連行と性奴隷化」の誤解をばら撒く原因となったとされている要素が凝縮された文章なのだ。

その一方で、吉田清治も朝日新聞も全く登場しない。こんなものが依然として世界に向けて発信されているのだから、恐ろしい。

朝日に似たメンタリティの人々による償い事業

さらに驚くのが、「慰安婦の定義」である。まず、伊勢氏の文章から以下、引用する。

「まず『慰安婦』とは何か。かつての戦争の時代に、一定期間慰安所などに集められ、将兵に性的な奉仕を強《し》いられた女性たちを指す。ここでのポイントは、『一定期間』に『一定場所』にいることである」

なんと、私が再三指摘してきた、朝日新聞英語版の表現を彷彿《ほうふつ》とさせる表現が登場する。

「アジア女性基金」にとって、慰安婦とはすべて「性的な奉仕を強いられた女性たち」なのだ。なぜ、「一定期間」と「一定場所」が重要なポイントなのかの説明は省かれている。察するに、時間と場所について、自由に選択できない物理的制約を受けていたことに「強制性」の根拠を見出《みいだ》そうという趣旨なのだろうか。

念のため、「デジタル記念館」で「慰安婦の定義」を確認してみる。トップページに行くと、サイトの説明が日本語と英語に加えて韓国語で併記されている。いかに韓国に気を使っているかがわかる。そして次のページに進むと、村山内閣総理大臣談話が全面に現れる。ここを通ると「ご案内」という目次のページがあり、「慰安婦とは」をクリックして、やっと慰安婦の定義を見つけることができる。

・日本語

「いわゆる『従軍慰安婦』とは、かっての戦争の時代に、一定期間日本軍の慰安所等に集められ、将兵に性的な奉仕を強いられた女性たちのことです」

・英語

The so-called “wartime comfort women” were those who were taken to former Japanese military installations, such as comfort stations, for a certain period during wartime in the past and forced to provide sexual services to officers and soldiers.

日本語訳のほうでは「慰安所に集められ」と書いているが、英語の該当箇所をそのまま訳せば「慰安所に連れて行かれ」となる。これを英語話者が読めば、当然、「軍隊によって強制連行されて性行為を強いられた」と解釈する。すなわち「狭義の強制」である。

朝日新聞と「アジア女性基金」のメンタリティは酷似しており、どちらも非常に偏っている。「アジア女性基金」の償い事業とは、朝日新聞のメンタリティを持った人々による事業であったことを認識しておく必要がある。

性奴隷制度の証拠ともとれる「被害者」への手紙

「デジタル記念館」に掲載されている、アジア女性基金初代理事長・原文兵衛《ぶんべえ》氏の「元慰安婦の方々への手紙」を読むと、「アジア女性基金」がすべての慰安婦を、強制連行と性奴隷制度の被害者だと、断定的に捉《とら》えていたことがわかる。少し長いが引用する。

「元慰安婦の方々へのアジア女性基金理事長の手紙

謹啓

日本国政府と国民の協力によって生まれた『女性のためのアジア平和国民基金』は、かつて『従軍慰安婦』にさせられて、癒しがたい苦しみを経験された貴女に対して、ここに日本国民の償いの気持ちをお届けいたします。

かつて戦争の時代に、旧日本軍の関与のもと、多数の慰安所が開設され、そこに多くの女性が集められ、将兵に対する『慰安婦』にさせられました。16、17歳の少女もふくまれる若い女性たちが、そうとも知らされずに集められたり、占領下では直接強制的な手段が用いられることもありました。貴女はそのような犠牲者のお一人だとうかがっています。

これは、まことに女性の根源的な尊厳を踏みにじる残酷な行為でありました。貴女に加えられたこの行為に対する道義的な責任は、総理の手紙にも認められているとおり、現在の政府と国民も負っております。われわれも貴女に対して心からお詫び申し上げる次第です。

貴女は、戦争中に耐え難い苦しみを受けただけでなく、戦後も50年の長きにわたり、傷ついた身体と残酷な記憶をかかえて、苦しい生活を送ってこられたと拝察いたします。

このような認識のもとに、『女性のためのアジア平和国民基金』は、政府とともに、国民に募金を呼びかけてきました。こころある国民が積極的にわれわれの呼びかけに応え、拠金してくれました。そうした拠金とともに送られてきた手紙は、日本国民の心からの謝罪と償いの気持ちを表しております。

もとより謝罪の言葉や金銭的な支払いによって、貴女の生涯の苦しみが償えるものとは毛頭思いません。しかしながら、このようなことを二度とくりかえさないという国民の決意の徴（しるし）として、この償い金を受けとめて下さるようお願いいたします（以下略）」

最も重要と思われる、太字の部分の英訳を見てみよう。

At a certain time of war in the past, many comfort stations were established with an involvement of the former Japanese armed forces, and many women were recruited and forced to become "comfort women" for officers and soldiers. There were cases where young women, including 16-17 year-olds, were recruited without an indication of the fate before them, and, in occupied areas, there were cases where direct coercive means were also used. I understand that you were one of such victims.

軍を“armed forces”と訳しているので、女性の徴用に武器を誇示したような印象を受ける。「慰安婦にさせられました」の英訳は、はっきりとforced to become “comfort women”という、有無を言わせぬ強制を意味する使役《しえき》動詞が使われている。

これは「状況による結果としての強制」ではなく、「武装した組織による直接的強制」を意味する。

さらに、十六、七歳の未成年の少女も騙されて慰安婦にされたと明言しているが、これは誰もが、「日本軍が騙した」と読むだろう。

「占領下（In occupied areas）では直接強制的な手段が用いられることもありました」の箇所は、正確に訳せば「占領地では直接強制的な手段が用いられることもありました」となる。これでは、占領した外国で、日本軍が奴隷狩りのような慰安婦狩りをしたと理解されても仕方がない。

「貴女はそのような犠牲者のお一人だとうかがっています」というが、本当に一人ひとり確認したわけではないだろう。全員がこのような被害者と前提して、全員にこの手紙を渡したはずだ。これを英語話者が読めば、慰安婦制度が性奴隷制度だったことの決定的証拠だと確信する。

日韓合意の前提となった村山総理のお詫び状

そしてさらに、この文脈で書かれた総理大臣署名のお詫び状が、元慰安婦たちに手渡された。下記に一部引用する。

「いわゆる従軍慰安婦問題は、当時の軍の関与の下に、多数の女性の名誉と尊厳を深く傷つけた問題でございました。私は、日本国の内閣総理大臣として改めて、いわゆる従軍慰安婦として数多《あまた》の苦痛を経験され、心身にわたり癒しがたい傷を負われたすべての方々に対し、心からおわびと反省の気持ちを申し上げます。

我々は、過去の重みからも未来への責任からも逃げるわけにはまいりません。わが国としては、道義的な責任を痛感しつつ、おわびと反省の気持ちを踏まえ、過去の歴史を直視し、正しくこれを後世に伝えるとともに、いわれなき暴力など女性の名誉と尊厳に関わる諸問題にも積極的に取り組んでいかなければならないと考えております」

注意深い読者なら、この手紙の文面に見覚えがあるはずだ。二〇一五年十二月二十八日、突如結ばれた日韓合意で、この手紙の内容をほとんどそのまま使っていた。つまり日韓合意は、二十年以上も前に、慰安婦とはすべて「武装した軍隊の関与によって慰安所に連れていかれ、強制的に性的奉仕を強いられた女性たちのこと」という前提で書かれた手紙を復唱したに過ぎなかったのである。

世界中の政府とメディアが「日本政府が強制連行と性奴隷制度を公式に認めた」と解釈したのは当然だ。なにしろ、そういう前提で書かれた手紙なのだから。

「数多の苦痛を経験され、心身にわたり癒しがたい傷を負われた」の外務省英訳は次のとおり。

underwent immeasurable and painful experiences and suffered incurable physical and psychological wounds

これを正しく訳せばこうなる。

「計測不能な苦痛に満ちた経験をし、治癒不能な肉体的および精神的傷を負った」（山岡訳）

日本軍は彼女たちに、いったいどんな拷問を加えたのであろうか？

ちなみに、立命館大学の戸田悠希氏による「アジア女性基金に関する一研究」によれば、「アジア女性基金」の理事たちは、この英訳では「反省を表していない」と批判していたそうだ。韓国語の手紙では、「死んで過ちをわびる」という意味の「謝罪《サジェ》」が使われたという。

慰安婦制度は「犯罪行為だ」という前提

「アジア女性基金」を推進した方々は、慰安婦制度は逃げられない場所で女性に性行為を強いた行為、すなわち犯罪行為だという前提に立っているから、「性犯罪を防止する目的を持った慰安婦制度」と「将兵による軍規違反の犯罪行為」を区別する発想がない。

冒頭に登場し、「安倍首相は私が死ぬのを待っている」と公言して憚《はばか》らないオヘルネ氏は、明らかに後者の被害者である。

東京から視察に来た将校が、娘を連れ去られたオランダ人の父親から訴えを受けて報告したことにより、ジャカルタの軍司令部の命令で、女性たちが収容されていた施設は開設後二カ月で閉鎖、女性たちは解放された。

これは、オヘルネ氏たちを拘束した軍人たちが、明らかに軍規を破っていたことを意味する。すなわち、れっきとした逸脱行為であって、本来の慰安婦制度とは区別されて然《しか》るべきである。

基金も政府もそこを明確にしないから、このスマラン事件があたかも当時の慰安婦制度を象徴する典型例であるかのように伝えられ、慰安婦イコール性奴隷のイメージが国際的に浸透する一因となった。

戦後、事件に関与した日本軍将校たちはBC級戦犯裁判で裁かれ、「デジタル記念館」によれば、被告十三人のうち岡田陸軍少佐が死刑、十一人に最高二十年、最低二年の禁固刑が下された。帰国中だったひとりが自殺したとの説もある。

日本軍側の責任として、本来ならば施設を閉鎖するだけでは不十分で、これら軍規違反を犯した将校たちに対して、日本軍の手で厳罰を処するべきだった。

日本軍には下っ端の過失は許さず、時には自決を促《うなが》すくせに、エリート層はダブルスタンダードでかばい合う悪《あ》しき習慣があった。

司令部自ら厳罰を下していれば、当時としても犯罪行為であったと理解され、一般的慣習と決めつけられることはなかっただろう。

しかし、戦後になって勝者の手で裁かれたゆえに、あたかも慰安婦制度とはこのように残酷なものだったという認識が広まることを防げなかった。そして、「アジア女性基金」は明確に「オランダ人女性と混血女性約三十五人が連行され慰安婦にされました」と書いて、そのような認識を裏書きしている。

ある北米在住の読者の方から、「アジア女性基金のサイトを見た欧米人から、日本政府は強制連行を認めているのだから、慰安婦像に反対するのはおかしいと言われた」というお便りをいただいたが、たしかにこれでは安倍総理の国会答弁と矛盾してしまい、安倍総理が無理やり歴史を書き換えようとしていると思われるのも仕方がない。

「アジア女性基金」は、インドネシアにおいては一九九七年から二〇〇七年の十年間に三億八千万円規模の事業を展開し、高齢者用福祉施設を六十九カ所設けた。伊勢氏は、それらの施設のひとつを訪れた時の経験を次のように回顧している。

「インドネシアで、私がある施設を訪れたときそこの元慰安婦の方々が歌を歌ってくれた。それが日本の軍歌だった。それをどう受け止めるべきか正直なところ戸惑った。

彼女らが歌詞の意味をわかって歌っているのか、ただ口ずさんでいるだけなのか。兵隊さんの洋服の綻《ほころ》びを縫ってあげたという話もしていた。人間関係であるから、それを大事に受け止めてやることが大切だと思う。

過酷な権力の下で働かされた屈辱を受ける状態でありながら、死に直面している若い兵隊さんへの気の毒と思う思いは、元慰安婦の方々から感じられるものがあった」

明らかに、それらの元慰安婦の女性たちと日本兵の間には温かい心の交流があった。しかし、彼女たちを「過酷な権力の下で屈辱を受けた被害者」としか見ようとしないから、彼女たちの友好的な振る舞いに、伊勢氏は違和感を覚えてしまう。

伊勢氏にとっては、怨念《おんねん》を隠さないオヘルネ氏こそが「あるべき姿」なのだろうか。

それならば、なぜオヘルネ氏の怒りをもう少し鎮《しず》めてくれなかったのだ？ なぜ彼女は「アジア女性基金」解散から十年を経た今も、日本政府の謝罪と賠償を待ち続け、「絶対に死なない」と憎悪の塊になっているのか？

具体的に、「アジア女性基金」はオランダの被害者に何を行ったのか？ オヘルネ氏は総理大臣の謝罪レターと償い金を受け取る機会がなかったのか。「アジア女性基金」はオヘルネ氏にどのようにアプローチしたのか、それともしなかったのか？

オヘルネ氏は二〇〇七年に米国連邦下院外交委員会の小委員会における公聴会に出席して、「日本のアジア女性基金は慰安婦に対する侮辱なので、私も含めて全員が受け取りを拒否した」と明言している。しかし、アジア女性基金の記録によれば、最終的に七十九人のオランダ人女性が、ひとり当たり約三百万円相当の現金と各種サービス、および総理大臣からの謝罪レターを受け取ったとのことである。これにより政府間では完全に決着したが、オヘルネ氏は自分の意志で最後まで受け取りを拒否した。

オヘルネ氏は紛《まが》うことなき性暴力の被害者であり、その経験を語り継ぐ権利がある。しかし、日本政府に無視され、安倍首相は彼女が死ぬのを待っている、などというひどい話を国際社会に流布《るふ》させてはいけない。

数十億円を支出して失敗した「アジア女性基金」

「アジア女性基金」の償い事業は、肝心の韓国で頓挫《とんざ》してしまった。理由は今と同じだ。韓国人は、この問題が解決してしまったら困るからだ。

「アジア女性基金」設立当初は評価していた韓国政府も、北朝鮮との繋がりを持ち、絶対に和解を阻止したい挺対協が、猛烈な反対キャンペーンを張った結果、マスコミがそれに同調すると態度を変化させた。

七人の元慰安婦が償い金を受け取ったが、「日本からカネを受け取れば売春婦だ」と世論から大バッシングを受けてしまう。また、韓国政府も日本からカネを受け取らないことを条件に、元慰安婦に現金を支給し始めた。

まったく馬鹿げた話だが、それでも「アジア女性基金」は極秘裏にホテルの部屋で元慰安婦にカネを渡したりしたようである。

総理大臣の平謝りの手紙を渡して「償い金」を払いながら非難され、カネを受け取った慰安婦は糾弾される。無意味な事業になってしまったわけだが、専門家によると、元慰安婦のなかには「アジア女性基金」と韓国政府の両方からカネを受け取った人もいたらしい。そういう人は、今回の日韓合意で三重取りになるのだろうか。

戸田氏が基金の理事会議事録から作成した各国での償い事業実施状況をまとめた資料を見ると、韓国では一九九七年一月十一日から二〇〇二年五月一日まで実施されたとあるが、韓国側受け入れ窓口は「不明」、医療福祉の実施も「詳細不明」となっている。

「アジア女性基金」の建前は、法的決着は一九六五年の日韓基本条約で済んでいるので、民間の基金を政府が支援する形で「償い事業」を実施する、ということだった。

しかし、韓国を中心に「日本政府は法的責任を回避して、基金を隠《かく》れ蓑《みの》に使っている」などと批判され、事業の中断を余儀なくされる。実際には、民間から集めた寄付金よりもずっと多くのお金を国庫から支出しているのだから、実に馬鹿げた話である。民間の寄付金を「償い金」に充《あ》て、政府からの支出の名目が医療費であろうと生活向上基金であろうと、お金はお金、税金は税金である。実態は政府による個人補償ではないのか？

村山総理が出した「土下座レター」を見れば、世界は日本政府が、慰安婦の強制連行と性奴隷制度を公式に認めたと理解する。しかも多額の血税を支出しながら、「日本政府は責任逃れをしている」などという理不尽な「解決阻止のための暴論」を甘んじて受けた結果、基金は慰安婦問題をまったく解決できなかった。

「デジタル記念館」を眺めても、「アジア女性基金」の事業が、国民の寄付で賄《まかな》われる元慰安婦ひとりあたり二百万円の償い金と、政府支出の医療・福祉事業（百二十万〜二百万円／人、国によって違う）の二段構成になっていることがわかるが、総額でいくら使ったのかはっきりとわからない。そこで、外務省のホームページに行くと、下記のようにある(http://www.mofa.go.jp/mofaj/area/taisen/asia_jk_genjyo.html)。

(1)募金状況

基本財産への寄附を含め、約六億円の募金が寄せられた。

(2)具体的事業

(イ)比、韓国、台湾の元慰安婦の方一人当たり一律二百万円（原資は募金、最終的な事業総額は五億七千万円）の「償い金」の支給。

(ロ)比、韓国、台湾を対象に事業開始後五年間を目途として医療・福祉支援事業（原資は政府拠出金、最終的な事業実施総額は約五億一千万円）の実施。（以下省略）

実際には、インドネシアやオランダでも医療・福祉事業を展開しているから、計算すると約十一億円を政府から支出したことになる。その一方で、外務省は基金の設立から解散まで、約四十八億円を支出して支援したと書いている(http://www.mofa.go.jp/mofaj/area/taisen/ianfu.html)。

"謝罪して名誉回復"はナイーブすぎる妄想

そうすると、差額の約三十七億円は、人件費やその他の経費に費やされたことになる。国民からの募金と合わせて、元慰安婦に約十七億円を手渡すために、約三十七億円の費用をかけたというのか。

さらに基金が解散したあとも、毎年一千万円以上がフォローアップ基金として支出された。「アジア女性基金」の理事は無報酬だったはずだから、もちろん退職金も出ていないはずだが、どういうことだろうか?

日本の名誉回復という観点からは完全に失敗した事業に、このようなお金の使い方がされていることに、驚きを禁じ得ない。たとえ不正がなかったとしても、許容し難い非効率ではないか。四十八億円の使途について精査・検証する必要があるのではないか。また、医療・福祉支援事業は現地のNPOなどを使ったはずだが、監査はしているのだろうか?

戸田氏の前掲書によると、「アジア女性基金の償い事業」の根底には、「日本は平和憲法を守って経済発展したことに自信を持つと共に、戦時中の悪事を素直に認め、戦後補償に真摯《しんし》に取り組むことによって国家の誇りを取り戻せる」という思想があったという。

しかし現実は、基金の事業と並行してクマラスワミ報告（一九九六）、マグドゥーガル報告（一九九八）、米国下院決議一二一号（二〇〇七）が出て、日本の名誉は貶《おとし》められ続けた。

韓国人の「恨《ハン》の文化」は日本人の想像を絶するものだし、世界には「白人に逆らった黄色人種の日本人」を永遠に貶めておきたいと考える勢力が今なお存在し、日本人の贖罪《しょくざい》意識を逆手に取って利用しようと企む国家もある。そういう苛烈《かれつ》な国際社会の現実を直視せず、ただ跪《ひざまず》いて名誉が回復できると思っていたとすれば、ナイーブに過ぎる。

私は「アジア女性基金」元理事のひとりに、公衆の面前で罵倒《ばとう》されたことがある。

「先生、慰安婦問題が過激化する背景には、日米や日豪の連帯を断ち切りたい中国の存在があるとお考えになりませんか？」

「そんなことはわかっていますよ」

「では、その論点も先生のお話に加えたら、もっと説得力があると思うのですが」

「あなたとは建設的な議論はできそうにありませんね」

「は？」

「あなたの言うことはね、挺対協と同じでね、出来レースなんですよ」

「は？　我々はただの市民団体なんですが」

「挺対協もそう言っていますよ」

その元理事は、そう言い捨てて去って行った。私は批判したのではなく、提案したのである。こんな会話しかできないメンタリティでは、国の名誉を回復するどころか地に落とすのもむべなるかな、だ。私は安易に、「償い」という言葉を使う人間を信用しない。「アジア女性基金」がいかに浅薄《せんぱく》なものであったか、元理事が自ら証明してくれた。

背信の背後に見える敗戦レジームの優等生たち

「朝日新聞」「外務省」そして「アジア女性基金」と見てきたが、この三者はその本質において酷似している。戦後日本のインテリを代表する存在なのだ。

言い換えれば、ＧＨＱのウォー・ギルト・インフォーメーション・プログラム（ＷＧＩＰ）によって形成された「敗戦レジーム」を忠実に体現する優等生だった。だから、自覚があろうとなかろうと、彼らのやることは日本の弱体化を推進する。その意味では実に優秀な人々であり、確実に任務を全うしている。彼らの思想や行いは、海外暮らしが長い私の目には異様に見えるが、彼らはながらく日本のエリートと見做《みな》されてきた。

北米で日系人からヒアリングを行った高橋史朗明星大学特別教授によると、北米で生まれ育った日系人は、二十二歳で国籍を選択する際、日本国籍を捨てる青年が続出しているという。その理由は、彼らにとって「事実に踏み込まず、曖昧《あいまい》な態度でその場をごまかしながら徒《いたずら》に事態を悪化させる日本政府の態度」は見るに堪《た》えないからだという。私には彼らの気持ちが痛いほどよくわかる。彼らこそ、日本人に対する偏見や蔑《さげす》みが真っ先に向けられる、被害者だからだ。それを高橋教授に訴えた日本人の母親は、無念の想いで目に涙を溜めていたという。

「デジタル記念館」のページの下には、小さな文字で次のように書いてある。

「当記念館で述べられた『慰安婦』問題に関する見解は、すべてアジア女性基金の責任においてまとめられたものです」

「アジア女性基金」が建前上は民間基金だったとしても、日本政府が全面的に支援したのだから、日本政府の見解と受け取られるのは当然だ。この見解は、国会における安倍総理の答弁や、国連女子差別撤廃委員会における杉山審議官の発言と真っ向から矛盾する。

日本政府は、この矛盾をどう解消するつもりだろうか？

ひとつ、はっきりしていることがある。いったんすべてを削除して、事実検証に基づいて一から作り直さない限り、日本と日本人の名誉が回復されることはないということだ。

そのためには、国民の覚醒と安倍総理の強力なリーダーシップが不可欠だ。

＊署名活動中（http://chn.ge/2bz795P）
「岸田外務大臣、外務省は慰安婦問題に関して、ホームページを作り直してください！」

第三部

ゆがんだ報道空間

——メディアと国連、国際NGO、左派ジャーナリストの〝反安倍政権プロパガンダスパイラル〟

第九章　日本を「敗戦レジーム」に閉じ込めたいメディア

自壊する日本のジャーナリズム

前章まで論じてきた慰安婦問題とは、大きな視点から見れば、歴史認識の分野で、日本を「敗戦レジーム」の枠内に押し込めようとする攻撃である。日本人は永遠に残虐な加害者でなくてはならない、たとえ日本人自身が歴史の真実に覚醒しようと、国際社会の認識は変わらない、という悪意だ。それに迎合するグループが日本国内に根強く存在している。

戦後七十余年を経ても、日本が「敗戦レジーム」から抜け出せないばかりか、「敗戦レジーム」という檻《おり》のなかに閉じ込められていることすら認識できなくなっているのには、それなりの理由がある。

占領期間は七年間で終わりを告げた。日本人は七年間で完全に洗脳されてしまったのだろうか？　そうではない。ＧＨＱが去ったあとも、日本人が戦前の日本を絶対悪とし、常に罪悪感を抱え、自己否定しながら生きるのを常態化させ、強化するシステムが残されたのだ。

そのシステムは時を経るごとに、むしろ拡大強化されていった。その結果、日本人は動物園の檻のなかで生まれ育った動物のように、所与の生活環境に安住し、自らをとり囲む柵や塀、檻にさえも違和感を抱かなくなってしまった。まして、自分が外敵から攻撃されることなど夢想だにしないのである。しかし、ひとたび「檻から出てみよう」「柵を越えてみよう」と試みる者が現れれば、全力で否定する攻撃を仕掛けるのだ。

具体的には、最近の研究で存在が確認されたGHQによる「ウォー・ギルト・インフォメーション・プログラム」(WGIP)の残滓《ざんし》、戦後、共産主義者の釈放による日教組の結成と「平和」という美名の下の自己否定教育など、何冊も本が書けるほど多岐にわたる。しかし、特に強力な威力を発揮しているのが「報道空間のゆがみ」だ。

朝日新聞に象徴される新聞社と、NHKやテレビ朝日、TBSに象徴される放送局とが作りだす「報道空間のゆがみ」は、まるで映画「マトリックス」のように、「敗戦レジーム」という仮想世界に人々を閉じ込め、疑問すら抱かせない。頭から電極を外そうとする人間には容赦なく襲いかかる。「敗戦レジーム」からの逸脱は許さないとばかりに。

しかし、攻撃している側も、自分たちがなぜ攻撃しているのか、何を守ろうとしているのか、もはや明確に認識していないだろう。そのひとつの例を、ジャーナリストの池上彰氏と、元共同通信社社長の原寿雄《としお》氏による「重鎮対談〝へたれメディアを叱る〟」に垣間見《かいまみ》ることができる（『緊急復刻　朝日ジャーナル』二〇一六年六月二十七日発売号、二十四ページ）。

池上　原さんは、ちょっと古い言葉で言うと「硬骨のジャーナリスト」という感じがします。そういう精神はどこで養われたのですか。

原　僕は自らが体験した戦争中の日本を否定することで、新しい時代を作ろうと思ってジャーナリストとして仕事をしてきました。しかし、安倍さんが書いたり話したりしていることを読むと、安倍さんは我々の世代が否定した日本を生き返らせようとしているのではないでしょうか。

池上　二〇一二年の総選挙での安倍さんのキャッチフレーズは「日本を、取り戻す。」でした。この「日本」とは、一体何なのか。

原　憲法九条のなかった日本を、大日本帝国憲法時代の日本を取り戻そうとしているのか。

池上　そうかもしれませんね。「戦後レジームからの脱却」という言葉も使っていますから。

原　そこに危機を感じます。

池上　曖昧ですよね。取り戻したい「日本」とは何なのか。いま、米国では「メイク・アメリカ・グレイト・アゲイン（米国を再び偉大な国に）」と言うトランプ氏が大統領候補になりそうですが、安倍さんは「メイク・ジャパン・グレイト・アゲイン」と言っているようなもの。中身はいろんな意味で受け取れるわけです。

私自身、「戦後レジーム」という言葉は曖昧すぎて好まないと先に述べた。案の定、このお二方は理解されていない。安倍首相の目指すものが、単純な戦前回帰ではないことは明らかだが、何をもって「戦後レジーム」と呼び、何から脱却しようとしているのか、明確に説明できていないのである。

その一方で、「安倍さんは我々の世代が否定した日本を生き返らせようとしているのではないでしょうか」という原氏は、GHQの敷いた「敗戦レジーム」の枠内でやみくもに日本を否定し、GHQの意図も理解しないまま、条件反射的に「敗戦レジーム」を守ろうとしているのではないか？

戦前の全肯定か全否定かという、二価的価値判断では日本の自立は果たせない。所詮は動物園の檻のなかでの論争にすぎないからだ。

「ゆがんだ報道空間」を演出するのは、「戦前の日本はすべて間違いで、敗戦後の日本がすべて正しいのだから、そこから一歩も踏み出してはならない」と考えるジャーナリストだ。

彼ら「敗戦レジーム」の申し子たちを支援する海外勢力がある。ずばり、国連と海外NGO、海外のジャーナリストや研究者らの連合だ。

国連とはそもそも「連合軍」であり、「戦勝国連合」なのだから、敗戦国日本を「敗戦レジーム」に押し込める本能を持っていても不思議はない。その国連の本能と権威を利用して、日本を「敗戦レジーム」に閉じ込めておきたい人々が、日本包囲網を構築している。

国連特別報告書と「言論の危機」? 〝国連の威を借りた政権批判〟の手口

私は二十年以上も日本を離れていたから、日本のテレビ番組といえば、NHKの海外向け放送か、現地の業者が著作権を無視して貸し出しているビデオぐらいしか見なかった。必然的に、ニュースといえばNHKとなり、民放の報道番組は見たことがない。池上彰氏、田原総一朗氏、古舘伊知郎《ふるたちいちろう》氏は知っていたが、岸井成格《しげただ》氏、金平茂紀《かねひらしげのり》氏は存じ上げなかった。それがむしろ、先入観も偏見も一切ない状態で日本のテレビ報道に向き合うことを可能にしたのだと思う。

二〇一六年四月十九日、衝撃的なニュースが伝えられた。国連人権委員会から派遣された、国連特別報告者という肩書のデビッド・ケイなる人物が日本に来て、記者会見で次のように発表したというのだ。

「いまの日本では、言論の自由が広範な領域で、のっぴきならない危機に晒《さら》されている！」

ちなみに、オリジナルの英語では次の表現になっている。

I learned of deep and genuine concern that trends are moving sharply and alarmingly in the wrong direction.

直訳すれば、こんな感じだ。

「素早く危険な速さで間違った方向に動いているという、深くて本質的な懸念があることを学びました」（山岡訳）

恐ろしいことである。一体、日本で何が起こっているというのか。ケイ氏が発表した中間報告を精読することにした。最終報告は二〇一七年六月に提出され、それをベースに、国連から日本政府に対して何らかの勧告がなされる。

ところで、国連特別報告者とは一体、何なのだろうか？　調べてみると、国連の人権委員会には、言論の自由、拷問などの特定の人権絡《がら》みのテーマや、特定の国家・地域の状況に関する作業部会が置かれている。各作業部会が国または地域の調査、監視、助言、報告書の公開といった特別手続きを行うために、特別報告者を任命することができる、とされている。

今回は言論の自由に関して、日本に重大な懸念があると判断して、特別報告者を送り込んできたというわけか。

ケイ氏は何を訴えたいのか？　報告書の中身をみてみよう。

・**放送法について**
放送法は倫理的義務の要素と政府の権限を混同している。

放送メディアは政府に脅迫されていると感じている。

ＢＰＯという自己規制のための団体が存在するのに、総務省に権限が集中している。

・**ＮＨＫへの圧力について**
理事の任命、予算の承認まで国会がしているのはおかしい。

・**プリントメディア（新聞・雑誌など）への圧力について**
メディアの経営陣は政府から批判を受けるような話題を掲載することを避けている。

・歴史の教育と報道について

元朝日の植村記者への圧力に対し、ジャーナリストとしての職務を遂行する権利を守るため、当局はもっとはるかに厳しい批判をすべきだ。

慰安婦問題はじめ、第二次世界大戦中に日本が犯した犯罪の扱いについて、政府が干渉しているため、国民が知る権利を侵害され、自国の過去に立ち向かって、真相を理解することができなくなっている。政府は慰安婦問題のような重大な犯罪について、国民に知らせる努力を支援しなくてはならない。

・特定機密保護法について

特定機密分野の定義が不明瞭。防衛、外交、特定の有害活動の防止、テロ活動の防止は明確だが、その下のサブカテゴリーが曖昧なままになっており、その結果、知る権利が制限される恐れがある。

監視メカニズムが十分に独立しておらず、機密指定の妥当性を判断するためのアクセス権が保証されていない。専門家を入れた独立機関を作るべきだ。

ざっとこんな感じである。この構成を見れば、ケイ氏がどういう人々の意見を代弁して日本に来たか容易に察しがつくだろう。紙幅の関係ですべてに言及することはできないから、ポイントを絞って論じてみたい。

「放送法」に関する指摘は、客観性を欠くあてつけ

まず興味深いのが、最初に放送法と放送メディアについて論じている点だ。そもそも、ごく最近まで放送法なる法律を意識した日本人が何人いただろうか？　あまりにも唐突《とうとつ》の感が否めない。

このケイ氏の主張は、明らかに二〇一五年二月の国会における高市早苗《たかいちさなえ》総務大臣発言を強く意識したものだと推察できる。「地上波における報道の公正中立」を求める放送法第四条の甚《はなは》だしい違反があり、再三の改善要求に応じない場合は、電波停止も含む罰則も有り得る、とした高市発言に左派メディアが一斉に反発した。

しかし、国会でそのような答弁がなされた背景には、文芸評論家の小川榮太郎氏が事務局長を務めた「放送法遵守を求める視聴者の会」が二回にわたって全国紙に掲載した意見広告がある。

この広告の要点は、「安保法制をめぐる報道が著《いちじる》しく偏《かたよ》っており、放送時間で計測すると、反対九対賛成一のような極端な状態にあること」「ＴＢＳの岸井成格氏が、法案の廃

止に向けてメディアが声を上げていくべきだと政治的な中立を破る発言をしたことへの批判」の二点だ。

誰が国連に加勢を頼んだのだろうか？　このような具体的な背景なしに、放送法への批判が冒頭にくる報告書が、国連から出ることなど有り得ない。民間任意団体の新聞広告が国会の大臣答弁に繋がり、ついには国連人権委員会からの特別報告者が来訪する事態を惹《ひ》き起こしたというわけだ。

ここでの焦点は、ケイ氏が「いまの日本では言論の自由が広範な領域でのっぴきならない危機に晒されている」と断言するに足る、客観的で十分な根拠が示せているか、である。

まず、「放送法は倫理的義務の要素と政府の権限を混同している、BPOという自己規制のための団体が存在するのに、総務省に権限が集中している」という批判だが、BPO（放送倫理・番組向上機構）という組織は、NHKや民放連の職員やOBが理事になっている。そして自ら「放送の自主・自律を守る為に放送界がつくった第三者機関」と定義しているように、放送事業者の自己規制が目的であって、独立の立場から業界を監視する能力も動機もない。

あらためて米国のFCC（連邦通信委員会）のような独立機関を創設して監督権限を持

たせるとか、総務省は必ずそのような機関の提言を受けるようにするなどの方法を検討するなら問題はない。

改善点を指摘するのは結構だが、それだけをもって「のっぴきならない危機に晒されている」とは言い過ぎだろう。

なぜなら、高市総務大臣にしても、民主党政権時から引き継いだ法解釈を繰り返しただけで、現実には「オウム真理教へのビデオ開示」や「椿《つばき》事件」などの悪質な事件が発生しても、厳重注意ぐらいしかできておらず、罰則を発動した例は存在しないからである。

重要なのは、「放送メディアは政府に脅迫されていると感じている」という部分である。このことが客観的に立証できていなくてはならない。感じている根拠として、実際に脅迫と見做《みな》されるケースを複数挙げられなくては、なにも立証したことにならない。

ところが、ケイ氏の報告書は「匿名を条件に聞いた」などという漠然とした話ばかりだ。ケイ氏が挙げた具体例は以下のとおりである。

・選挙期間中の報道の公正性、中立性、公平性を要請する自民党の書簡（放送法違反を懸念）
・報道ステーションの「アベノミクス報道」への批判
・菅《すが》官房長官のオフレコメント

・局側の判断で政府に辛辣《しんらつ》なアナウンサーやコメンテーターが降板
・古賀茂明氏の降板

だが、政党からの「申し入れ」が圧力に該当するのであろうか？ 政権与党の自民党が選挙報道の公正・中立を求めたら、いきなり圧力と見做されるようだが、単なる申し入れやコメント以上の行為がなされなくては「権力の横暴」とすることはできないだろう。ケイ氏の批判は説得力に欠ける。

やはり重要なのは、政府に辛辣なアナウンサーやコメンテーターが、政権からの圧力で降板させられた事実があったかどうか、である。たとえ最終的には局の判断だったとしてもだ。

実名告発者は例の面々。伝聞と雰囲気だけの国連報告書

ケイ氏が自らの発言の根拠としているエピソードらしきものは、日本のメディアがある程度伝えており、推察することができる。二〇一六年のある時期、看板キャスターと呼ばれる複数の人々が降板することがあった。政権の圧力が原因と言いたいのであろう。主な「有名人」のケースを拾ってみよう。

・岸井成格氏

TBS「ニュース23」を降板した岸井成格氏は、二〇一六年七月五日に早稲田大学の大《おお》隈《くま》講堂で行われた講演で、「私自身は何か圧力があって直接辞めさせられたわけではありません」と発言している。

岸井氏はまた、「(圧力は)ありませんけど、全体にいま、いままでにはなかった権力というものとメディアの間に緊張関係があります」とも発言しているが、メディアが権力を監視する性質のものである限り「緊張関係」があるのは当たり前で、「圧力」の具体的な根拠については言及していない。ケイ氏のインタビューに応じたと述べている。

・古賀茂明氏

ケイ氏が唯一実名を挙げている古賀茂明氏は、テレビ朝日「報道ステーション」のコメンテーターを降板になったが、二〇一六年三月二十七日の同番組で突然、「局の上層部と官邸からの圧力で降板になった」と発言し、キャスターの古舘伊知郎氏に「それは言い過ぎで承認できない」とその場で反論されている。

その後、古賀氏は四月十六日に日本外国特派員協会でインタビューを受けるが、「いわゆる政府からの圧力があるとすればどういったものがあるのか」という質問に、具体的に答えられなかった。来日したケイ氏と一緒に写真に納まっている。

・古舘伊知郎氏

自身も「報道ステーション」を降板した古舘伊知郎氏は、二〇一六年五月三十一日付朝日新聞朝刊に掲載されたインタビューのなかで、「僕に直接、政権が圧力をかけてくるとか、どこかから矢が飛んでくることはまったくなかった。圧力に屈して辞めていくということでは、決してない」と明言したうえ、「画面上、圧力があったかのようなニュアンスを醸《かも》し出す間合いを、僕がつくった観はある」とも述べ、圧力があるかのように見せかけていたことを告白した。

・池上彰氏

二〇一六年六月二十七日付『朝日ジャーナル』緊急復刊号で、「圧力の具体例を述べた」と他紙に報じられた池上彰氏にしても、「自民党は主なニュース番組をすべて録画して、細かい部分まで毎日のように抗議し、訂正を求め、注文をつけてくる」と発言しながら具体例は挙げておらず、氏の発言内容に関連する省庁の官僚が説明のために訪ねてくることを、圧力の例として挙げるに留まっている。

省庁の官僚が説明に来るのは悪いことではないし、本当に自民党が全ての番組をチェックして毎日のように苦情を寄せてきて、それを圧力と感じるのであれば、具体例を示して堂々と対決すべきではないか。池上氏は、むしろメディア側の自発的な萎縮《いしゅく》を問題にしているのだ。

このように、「政府の圧力によって言論の自由が脅《おびや》かされ、政府に批判的なアナウンサーやコメンテーターが降板させられた」と激しく非難する割に、明確な根拠が示せていない。すべて伝聞で「雰囲気」を伝えているだけだ。これが国連の報告書なのか。

日本人にありがちな国連崇拝の弊害

ケイ氏は特定秘密保護法についても言及しているが、このような法律はケイ氏が自ら述べるように、どこの国にも存在するものであり、日本が持っていないことが問題だった。

機密事項のサブカテゴリーが曖昧だとか、情報へのアクセス権限が不明確だとか、複数のポイントを指摘しているが、いま現在、この法律によって言論の自由が重大な危機に晒されているという具体的な事例を挙げるのではなく、潜在的な問題点の指摘なら、大いに議論を重ねればよいことである。

公職選挙法も同様で、懸念事項を指摘するのはよいが、「のっぴきならない危機」の根拠にはなっていない。

慰安婦問題については論外である。特別報告者といって思い起こされるのは、過去に慰安婦問題に関して派遣されたクマラスワミやマクドゥーガルだ。いずれも、詐欺師と認定された吉田清治《せいじ》や、吉田の著作をベースに書かれたジョージ・ヒックスの本を参考に書かれたお粗末な報告書を提出していながら、修正に応じていない。

この期《ご》に及んで、ケイ氏の「上から目線」の物言いには強い違和感を覚える。言論の自由と何の関係があるのか？　そもそも、特別報告者を送り込んでくる人権委員会の構成国の多くが、自ら深刻な人権問題を抱えているという矛盾がある。朝日新聞の植村隆元記者個人の名前を出して保護を訴えるのも不自然だ。

日本人はいい加減、国連崇拝を止めるべきだろう。

クマラスワミやマクドゥーガルもひどかったが、今回のケイ氏の報告の浅薄《せんぱく》さはどこからくるのか。答えは明確である。ケイ氏は左派メディアを取材し、そこで聞いた話を代弁したに過ぎない。

それゆえ、ケイ氏に「苦情を申し立てた」人々の内包する矛盾がそのまま表出してしまっている。その矛盾とは、一言でいえば「論理のすり替え」である。

視聴者の会は、数値を示したり、放送法を基にしてわかりやすく説明しようと試みているが、私の見る限り、問題にしているのは単純に「放送メディアのアンプロフェッショナリズム」である。暴走行為と言ってもよい。

岸井氏の「メディアとしても（安保法案の）廃案に向けて声をずっと上げ続けるべきだ」という発言は、公共財である地上波放送においては不適切であることは言うまでもない。プロフェッショナルな観点で問題点を検証するのがメディアの仕事であって、特定の観点から政治キャンペーンを始めてはいけない。

もとより、岸井氏が安保法案に反対の意見を持つのは自由である。しかし、プロとしてルールは守らなければいけない。それだけのことだ。

言論人としての自殺行為？　有名キャスターの電波ジャック

こんなこともあった。二〇一六年九月十七日、私がぼーっとテレビを見ていると、TBSの「報道特集」が始まった。すると冒頭場面で、金平茂紀氏がいきなり次のように述べたのだ。

「『これはもはや裁判の判決というよりも、一方的な恫喝《どうかつ》というしかない』。昨日出た、いわゆる「辺野古訴訟」の判決に対する地元新聞の社説です。司法の独立、三権分立が失われれば、今日の特集でお伝えする北朝鮮のような国になりかねません。それでは今日のニュースです」

前半が新聞からの引用で、後半はご自分の意見のようである。まず、新聞であれ週刊誌であれ、引用するならば必ず引用元を明らかにしなくてはならない。「地元の新聞」では駄目である。どこからどこまでが引用なのかも曖昧だ。

海外で論文を書くと、とにかく引用元を明記することが当然のルールで、それだけでも結構な手間がかかる。こんな安易な引用ではいけない。

しかし心底驚いたのは、「三権分立が失われれば、北朝鮮のような国になりかねない」という強烈な批判をしながら、番組のなかで「辺野古《へのこ》訴訟」については全く触れず、なぜ北朝鮮のようになるのか、何の説明も検証もしなかったことである。

これでは、何の脈絡《みゃくらく》もなく一方的に自分の感情をぶつけただけで、電波ジャックと見做されても仕方がないではないか。報道になっていない。

実は、私はこの時初めて金平氏を見たのだが、数日間、元気が出なかった。日本の視聴者はここまで見下されているのかと思い、暗然とした。放送法云々《うんぬん》以前の問題である。

地上波で一方的に私的な意見を宣《のたま》うお二人に共通しているのは、ともに視聴者の会が呼びかける公開討論会への出席を頑《かたく》なに拒んでいる点である。電話にも出ず、手紙にも応えない。

岸井氏は講演のなかで、「応じることは圧力に屈することだから無視する」という趣旨のことを述べている。金平氏はメディア総合研究所が出している放送レポート二百六十二号（二〇一六年九月九日）の対談のなかで、こう述べている。

「某市民団体を称する人たちの討論呼びかけには、答えると彼らの存在自体を認知してしまうことになる。彼らのことは対等に話をする相手だと思っていないので、一切関係を持ちたくない（笑）。それだけですね」（二十二ページ）

つまり、自分が言いたいことは自由に言うが、意見が異なる相手が公開討論を提案してきても、ひたすら黙殺するというのだ。これは言論人として自殺行為ではないのか？　それで言論の自由が抑圧されているなどと、なぜ言えるのか？

インターネットがなく、高性能の録画機能もなかった昔は、テレビ報道の垂れ流しに異議を唱えることは難しかった。ところが今は、テレビ報道の間違いや、報道されなかった事実も、ネットの力で即座に把握できる時代だ。報道内容に苦情がくる頻度が増えるのは必然だろう。

以前とは勝手が違ってしまい、当惑する放送メディアは、法解釈に話をすり替えて「政権の圧力によって言論の自由が脅かされている」と言ってみるものの、明確な証拠が示せないでいる。

そこで「これまでにない息苦しさを感じる」などと曖昧な表現を連発する。息苦しさとは結局のところ、これまでの言いたい放題と違って、批判や反発を無視できなくなってきたので、面倒になり、自粛してしまう状態のことだろう。

結局、非難の矛先《ほこさき》は、自分たちの不甲斐なさに向かってしまうのだ。前述の岸井氏と金平氏は、「言論の自由の発露たる討論」も放棄して逃げ続けている。

二〇一六年十月三十日、視聴者の会は沖縄高江《たかえ》のヘリパッド建設問題に関して、「機動隊員の土人発言を非難するならば、活動家の機動隊員に対する暴言や暴力も報道して全体図を示すべきではないか」という公開質問状を在京キー局に送ったが、NHK以外からは無視された。

NHKの回答は、「編集方針については外部からのいかなる質問にも答えない」という定型化された慇懃無礼《いんぎんぶれい》なレターのみだった。TBSにいたっては、フォローアップの電話を毎回一方的に切る傍若無人《ぼうじゃくぶじん》さである。

要するに、テレビ局は自分で自分の首を締めているのだ。苦し紛れに国連に言いつけてみても、結局、特別報告者も実態以上のことを表現することはできない。

だからケイ氏の報告書も、「業界横断的な組合の不在で、記者やアナウンサーが十分に保護されていないから萎縮してしまう」などという、政府の抑圧とは無関係な論点に流れてしまっている。

日本のジャーナリストは、匿名で国連特別報告者に告げ口するような姑息《こそく》な手段ではなく、自ら矜持《きょうじ》と信念を持って堂々と論戦すべきではないのか。

クマラスワミ報告の際には、外務省は反論を提出してから取り下げる醜態《しゅうたい》を晒《さら》したうえ、荒唐無稽《こうとうむけい》な慰安婦性奴隷説を世界に流布《るふ》させる愚を犯した。国連の報告書がどんなに稚拙《ちせつ》であっても、後手に回れば有効な反日プロパガンダツールと化してしまう。

しっかり反論して、安易で自己矛盾した批判は受け付けない意思を明確に示すべきだ。国連は正義の味方ではない。

外圧を使って所感を代弁してもらう日本のジャーナリスト

最後に、二〇一六年二月二十九日付で、田原総一朗氏、青木理《おさむ》氏、大谷明宏氏、金平茂紀氏、岸井成格氏、田勢康弘《たせやすひろ》氏、鳥越俊太郎氏の七人が呼びかけ人となって出した、高市総務相の「電波停止」発言に抗議する声明を見てみよう。

声明は激しい口調で始まる。

「私たちは怒っている。高市総務大臣の『電波停止』発言は憲法及び放送法の精神に反している。（中略）私たちはこの一連の発言に驚き、そして怒っている。そもそも公共放送にあずかる放送局の電波は、国民のものであって、所管する省庁のものではない」

この七名の方々がおっしゃる国民とは誰のことだろうか？　国民のものだと言うのなら、質問に答え、討論会に参加したらいかがだろうか？（田原総一朗氏のみが、小川榮太郎氏との公開討論会に応じた。その模様は月刊『Hanada』二〇一六年十月号に掲載）。

だが、この業界重鎮による激しい権力への反発は、最後に論調が変わってしまう。

「現在のテレビ報道を取り巻く環境が著しく『息苦しさ』を増してないか。私達自身もそれがなぜなのかを自らに問い続けている。『外から』の放送への介入・干渉によってもたらされた『息苦しさ』ならば撥《は》ね返すこともできよう。だが、自主規制、忖度、萎縮が放送現場の『内部から』拡がることになっては、危機は一層深刻である。私たちが、今日ここに集い、意思表示をする理由の強い一端もそこにある」

結局、この声明は自分たち業界人に向けた戒《いまし》めだったのか？　この自己矛盾が、国連特別報告者の報告書にそのまま表れているのだ。

放送業界の自己矛盾に国連を巻き込むなど、自国の問題を国連に持ち込みたがる左翼活動家の手口と同じで、恥ずかしいこと、このうえない。

ケイ氏の報告書には民間からも反論すべきだが、政府にはしっかり対応してほしい。そして、日本の放送業界人は自らを律し、謙虚に国民の声に耳を傾けるべきだ。

国民は怒っている。ケイ氏の報告は、安倍政権の圧力を告発したい前出の日本人ジャーナリスト、彼らを調査対象とし、日本の言論の自由度ランキングを韓国より下の七十二位に落とした「国境なき記者団」というパリに本部を置くNGO、国連を使って日本政府に圧力を掛けたい国内外の日本人活動家らの主張を代弁したものに過ぎないからだ。

日本人ジャーナリストたちは、ケイ氏に自分たちの所感を代弁させ、国連が指摘していると騒ぎながら、自らは政府の圧力を否定している。この「虚構のスパイラル」の問題点については次節で詳説する。

国連、国際NGO、左派ジャーナリスト〝反安倍政権プロパガンダスパイラル〟

国連特別報告者、デビッド・ケイ氏が「日本の報道の自由は政府の圧力や抑圧によりのっぴきならない危機に瀕《ひん》している」と発表した報告書の内容が非常に偏ったもので、「危機の存在」を立証できていないことは前述したが、それにしても奇妙なことは、ケイ氏がわずか一週間の日本滞在でこのような結論に達したということだ。

もちろん、ゼロからスタートしてそのような結論は出せない。その背景を調べるうちに、国連、国際ＮＧＯ、日本の左派ジャーナリストらが織りなす、自作自演の「反安倍政権プロパガンダスパイラル」とでも呼ぶべき構造があることが、浮かび上がってきた。

そもそも「国境なき記者団」とは何者か？

まず着目すべきは、四月二十日、ケイ氏の発表の翌日に「国境なき記者団」と称するＮＧＯが「報道の自由度ランキング」なるものを発表し、やはり多くのメディアで取り上げられたという事実だ。それによれば、日本の順位は二〇一〇年には十一位だったが、近年急速に下落し、二〇一五年は六十一位、二〇一六年は調査対象百八十国中七十二位で「報道の自由度が急速に悪化している」とされた。

つまり、安倍政権になってから急速に順位が下落したわけだ。このことは、二〇一七年四月に再び国境なき記者団が「報道の自由度ランキング」で日本を変わらず七十二位にしたことにも表れている。それを伝える同団体のサイトの記事タイトルは「安倍晋三による脅威 The threat from Shinzo Abe」だったことからも明らかだ。

「国境なき記者団」とは何者なのか？　ネットで検索すると、「ロベール・メナール氏（フランスの元ラジオ局記者）によってパリで設立されたNGO団体。世界第四位の広報コングロマリット企業 Publicis Groupe（ピュブリシス・グループ）の支柱である、サーチ・アンド・サーチ社が無償でこの団体の広報をしている」とある。ちなみに、日本の電通がピュブリシス・グループに出資している（出資比率一五％）とのこと。

では、この団体が発表した「報道の自由度ランキング」とは何なのか？　これも調べると、「二〇〇二年以降、毎年十四の団体と百三十人の特派員、ジャーナリスト、調査員、法律専門家、人権活動家らがそれぞれの国の報道の自由のレベルを評価するため、五十の質問に回答する形式で指標が作成され評価されたもの」だという（以上、Wikipedia より）。すでに十五年近く継続されているわけである。

ここでのポイントは、二つある。

・日本より上位にどんな国があるのか？
・「報道の自由度ランキング」の発表がケイ氏の発表の翌日なのは偶然か？

まず刮目《かつもく》すべきは日本より上位、すなわち、「報道の自由度」が日本より高いとされる国々がどんな国かである。カッコ内は上が二〇一六年、下が二〇一七年の順位で、説明書き（二〇一六年当時）は「国境なき記者団」のウェブサイトから山岡が和訳したもの。最後に日本を記す。

・ガーナ（Ghana）（26位→26位）二〇一四年、西アフリカメディア基金は、九人のジャーナリストへの物理的攻撃、数件の逮捕や新聞社への踏み込みを記録している。

・ボツワナ（Botswana）（43位→48位）政府が国有のみならず、民営の新聞社も統制している。ジャーナリストへの名誉毀損《きそん》訴訟が多発している。

・ハイチ（Haiti）（53位→53位）ジャーナリストは悲惨な資金不足や、情報へのアクセス制限に苦しんでおり、脅迫や物理的暴力の被害に遭っている者もいる。

・韓国（South Korea）（70位→63位）朴槿恵《パククネ》政権において、メディアと権力間の緊張が非常に高まっている。韓国政府は批判への許容性を失っている。北朝鮮に好意的な記事を書けば拘留される。

・日本（Japan）（72位→72位）日本のメディアは世界で最もパワフルであり、国家機密を除いては自由に報道できる。国家機密は曖昧な定義であり、非常に厳しい法律により、ジャーナリストの調査を難しくしている。福島原発事故、皇室の私生活、防衛などは国家機密に含まれる。

一瞥《いちべつ》して呆れる内容だ。ジャーナリストが物理的な強圧を受け、脅迫されたり、逮捕されて投獄されたりしている国々が日本よりも上位にあるのはなぜか？　朴槿恵前大統領が罷免《ひめん》されるなど政治的混乱が続く韓国は、朴裕河《パクユハ》教授が『帝国の慰安婦』という著作のなかで、「慰安婦には日本軍兵士と同志関係と呼べる感情を持つものがいた」と書いただけで、起訴されて懲役三年を求刑されるようなお国柄である。大統領に批判的な記事を〝引用〟した産経新聞の記者が拘束された事件も、記憶に新しい。このような国が日本より上位にランキングされ、朴槿恵大統領が弾劾《だんがい》され免職されると二〇一六年の七〇位から六十三位に上がったのを見れば、素人目《しろうとめ》にも根拠はいい加減なのがわかる。

いったいどういうプロセスを経て、このような順位を出しているのか？　私は「国境なき記者団」に直接質問をぶつけてみることにした。

私が質問を送ったのは、アジア担当国際秘書のベンジャミン・イスマル氏だ、イスマル氏は親切に長文の返事をくれた。私の質問と、それに対するイスマル氏の返事を和訳してまとめたものを下記に示す。

Q1　アンケートに答えた二十人の名前を公表できるか？

A1　安全上の理由で公表できない。アンケートに答えただけで投獄される国もある（ベトナム、中国）。日本でも大手メディアの記者とは匿名を条件に協力を得た。オープンに会えたのはフリーランスの記者だけだった。

Q2　回答者の選考基準を教えてもらえるか？

A2　可能な限り多様な回答者を選ぶ努力をしている。該当する国において、報道の自由の現実と限界を認識している回答者を選ばなくてはならない（ベトナムの例）。該当国における、報道の自由の科学的研究者や外国人記者も含めるようにしている。難しいプロセスだが、結果には誇りを持っている。採点をしているのは、あくまでもその国の回答者たちである。我々ではない。

Q3　二十人の回答者の選考は（国境の記者団日本特派員の）瀬川牧子氏が主に行ったと考えてよいか？　二十人は少なすぎないか？（二十人の根拠は小学館「SAPIO」誌報

道による）

A3　二十人という数字は正しくない。回答者の人数も氏名も明かすことはできない。採点方法は公開されている。順位について批判があるのは当然のことだが、各国の現状を正確に伝えているという自信がある。瀬川氏は我々に多くのジャーナリストを紹介してくれたが、彼女が参加したのは二〇一二年からであり、最近のことだ。我々は二〇〇二年から活動している。最終的に回答者を選択するのはパリ本部だ。

日本の順位が急落した原因は、次の要素だ。福島危機による構造的問題の深刻化、記者クラブの排他性、政治によるメディア統制、フリー記者と外国人記者への差別、安倍政権の姿勢（特定秘密保護法、憲法、メディアへの干渉）、一部政治家や民間人の言動。

日本における主な問題の理解には、国境なき記者団のプレスリリースを参考にしてほしい。「日本における報道の自由度低下に関する懸念」（二〇一六年四月十一日、https://rsf.org/en/news/rsf-concerned-about-declining-media-freedom-japan）

それによれば〝安倍政権によって日本の報道の自由が抑圧されている事実をデビッド・ケイ氏に強く訴えた〟〝国谷裕子《くにやひろこ》、岸井成格、古舘伊知郎の三氏は強制的に辞めさせられた〟とされている。

なんのことはない。ケイ氏の発表内容は、「国境なき記者団」がケイ氏に告発し、かつ、直前に発表した声明のコピーだったのだ。「国境なき記者団」はさらに、ケイ氏の「中間発表」の翌日に「日本が七十二位に順位を落とした報道の自由度ランキング」を発表してダメ押しをしたというわけである。

これで、ケイ氏が「国連という箔《はく》をつける目的の代弁者」に過ぎないことがはっきりしたが、私が注目したのは、イスマル氏の次の一言である。

「採点をしているのは、あくまでもその国の回答者たちである。我々ではない」

イスマル氏は回答者の氏名も人数も明らかにしなかった。それには相応の理由があるというのはわかるが、この手法では、「誰が回答者になるか」で評価が決まってしまうことになるではないか。

そもそも誰が回答者だったか、それは容易に察しがつく。「国境なき記者団」の調査対象が「政府の圧力で降板させられた」と主張する人々を含めているのは明らかだ。岸井成格氏、古賀茂明氏はケイ氏のインタビューを受けたことを公言している。そして、それらの人々こそ、「国連が指摘するのだから、安倍政権によって日本の報道の自由が抑圧されているのは本当だ、恥ずべきことだ」と批判していたのだ。奇妙なスパイラルの存在が浮かび上がる。

・国境なき記者団が選んだ日本国内の報道関係者が、「安倍政権によって日本の報道の自由が危機に晒されている」と告発
・それを受けた国境なき記者団が国連特別報告者デビッド・ケイ氏に告発
・それを受けたデビッド・ケイ氏が、改めて日本の報道関係者にインタビューし、「日本の報道の自由がのっぴきならない危機に晒されている」と発表
・直後に国境なき記者団が「日本が七十二位に転落した報道自由度ランキング」を発表
・それを受けた、そもそも情報提供者である日本の報道関係者が「恥ずべきことだ！　国連や国際NGOが言っているのだから本当だ」と騒ぐ
・それを受けて、日本外国特派員協会が世界にばら撒く

この「自作自演のスパイラル」のなかには、国連から日本政府に圧力をかけるべく、国連に働きかける人々が存在している。

日本人は本当に「国連信仰」を止めたほうがよい。このことは、「人類の英知の結晶である国連様が仰るのだから間違いない」と考える人々に対しても「国連から日本政府に圧力をかけるのが最も効果的だ」と考える人々に対しても申し上げたい。

国連は人類の英知も理想も関係ない、腐敗し堕落した「戦勝国クラブ」に過ぎない。日本政府のやること、たとえば、特定秘密保護法の制定に疑問を呈するのは結構だが、緻密《ちみつ》な議論に基づいて自ら堂々と論陣を張るべきであり、「国連に言いつけて叱ってもらう」という発想は「小学生が先生に言いつける」ようで恥ずかしい。日本人が元来、外圧に弱いことを見越してのことだろうが、いい加減に止めて、日本のことは日本国内で日本人が議論して解決すべきだ。

特に情けなかったのは、「国境なき記者団」やデビッド・ケイ氏の取材を受けた人々が、「私自身は圧力を受けたということはありません」と言ってしまい、圧力を受けた具体例を挙げられなかったことだ。政府や政権を批判するのが悪いのではない。批判するなら、ジャーナリストとしての矜持を持って、外国の組織や国連を頼りにせず、緻密な議論を堂々と展開して政権と対峙《たいじ》すべきだ、と言っているのである。

第十章　「国連報告者」という反日左翼の代弁者

止まらない「国連の攻撃」

二〇一七年に入っても、国連の攻撃が止まらない。より正しく言えば、国連を利用した活動家やNGOの攻撃が激しくなっている。このことは取りも直さず、国連という機関が、日本人が夢想するような公立中正の正義の機関などではなく、特定の思想を持つ人々に容易に利用されてしまう、工作機関に堕《だ》しているという現実を如実に示している。

二〇一七年五月、国連の看板を担《かつ》ぐ委員会や特別報告者という名の専門家から、日本政府に対して次々と横槍が入って日本国民を驚かせた。

・拷問禁止委員会「日韓合意を見直せ！」
・ジョセフ・ケナタチ「テロ等準備罪法案は欠陥法案だ！」
・デビッド・ケイ「日本の表現の自由は危機に瀕している！」

これらはすべて、「専門家による提言（リコメンデーション）」に過ぎないのだが、日本のメディアが「勧告」と訳すものだから、まるで国連という権威ある国際組織から命令されたような印象を受けてしまう。

知り合いの新聞記者に「英語の原文はリコメンデーションじゃないですか？　勧告と訳すのは不適切じゃないですか？」と質問したら、「勧告と訳すのがメディアの慣習となっているので、変えられないんです」という答えが返ってきた。

誤訳とまでは言えないのだが、誤解を招くので、私は「勧告」から「提言」に訳を変更することを提言する。

私は上記三つの「提言」の英語原文に当たり、内容が希薄であることに改めて落胆するとともに、これらがある種の「工作」であることを確信した。メディアやネット上でも、戸惑いや反発が噴出している。

しかし、こういう時に重要なのは、英語原文を熟読し、感情的にならずに冷静に反論することだ。そのうえで、淡々と国連との付き合い方を見直す。喧嘩するよりも、幻想を捨てて、分担金も減額するのがよい。以下、それぞれを分析して簡潔に論評する。

拷問禁止委員会「日韓合意を見直せ！」

「国連の拷問禁止委員会（The Committee Against Torture）」が韓国政府に対して、「二〇一五年十二月に締結した慰安婦問題に関する合意、すなわち日韓合意を見直すように勧告した」と報じられて日本国民を驚かせた。拷問禁止委員会とは国際人権条約機関のひとつで、独立した専門家グループが条約締結国の批准《ひじゅん》状況をモニタリングして勧告を行う。国連に直結する機関ではないが、国連の看板を掲げて活動している。

条約批准国を対象にしているのだから、無視していい相手ではないが、ここで「勧告」と訳されているのは“Principal subjects of concern and recommendations”である。つまり、「主な懸念事項と推奨する対応」という意味。「勧告」というよりは「提言」だ。

では、「主な懸念事項」とは何だろうか？

まず、この提言は、先に韓国が提出した報告書への回答である。韓国が拷問禁止委員会に提出した改善進捗《しんちょく》状況報告書には、不法入国で勾留《こうりゅう》された子供の扱いから、LGBTに対するヘイトクライム、被疑者の自殺にいたるまで、八項目について記載されており、日韓合意はそのひとつであって、日韓合意だけの報告書ではない。

言い換えれば、日韓合意は「拷問」と「虐待」の被害者を救済する、というコンテクストで語られているのだ。

この韓国の報告書はいかにも気の抜けた簡単なものだが、日韓合意に最も大きなスペースを割《さ》いている。まず、最初のパラグラフで、韓国における慰安婦制度の被害者は平均年齢が九十歳で、三十八人しか生存していない、と書いてある。

しかしそのあとで、「これまでのところ、二〇一五年十二月二十八日の合意時点で生存していた四十六名の犠牲者のうち、三十四名が合意に賛成していることが確認されている」とも書いている。現在までにその三十四名中、少なくとも三十二名がお金を受け取ったことがわかっている。生存者が四十六名から三十八名に減少していることから、この報告書が二〇一七年の四月以降に書かれていることがわかる。生存している三十八名のなかにはお金を受け取った三十二名が相当数含まれているはずである。

しかし、そのことには全く触れられていない。それどころか、日本政府が約束どおりに十億円を払ったことにも全く触れずに、「日本政府が誠実に合意事項を履行する限りにおいて、この問題は二国間の外交問題としては最終的かつ不可逆的に解決する」と書いてある。まるで、まだ解決していないかのような言い草である。

もちろん、日本側は十億円を払った時点で、日本側の義務はすべて履行した、あとは韓国が約束を履行する番だ、という理解だ。

ところが、韓国側はなんの義務も負わない片務的《へんむてき》なものであるかのようで、さらに、わざわざ「慰安婦問題は多元的な側面を持っており、女性の名誉と尊厳の問題であるうえに普遍的な人権の問題である」と書いている。

つまり、日韓合意で解決し得るのは「二国間の外交問題」だけで、「普遍的な人権問題」としては残る、と言いたいのだ。こうなることを私は当初から予想していたが、「十億円払って道徳的優位に立とう」と主張していた方々は、それでもまだ日韓合意は正しかったと言うのだろうか？

これを受けた委員会の返答（concluding observations）は、ざっと数えただけでも二十以上の「懸念と改善必要事項」を挙げている。包括的であり、的を絞ったものではない。「死刑を廃止しろ」「体罰を禁止しろ」というものもあるが、韓国では勾留時にひどい暴力があることや、軍隊での虐《いじ》め、家庭内暴力、性犯罪などが深刻であることが窺える。

そのなかに、「拷問と虐待の犠牲者の救済」という項目があり、セウォル号事件の被害者救済など四項目のうちのひとつが日韓合意である。

その記述が非常に抽象的で、具体性が皆無なのだ。こう書いてある。

「日韓合意は歓迎するものの、第二次世界大戦中の性奴隷の生存者が引き続き三十八人いること、合意が条約の第十四条の施行に関するコメントNo・3（二〇一二年）に十分に適合していないこと、そして、賠償、可能な限りのリハビリテーション、真実に関する権利、再発防止の確約を含む償いと救済を提供できていないことに留意する」

このコメントNo・3とは、条約批准国が負う義務について説明したものである。要するに、条約が求める水準を満たしていないと言っているのだが、なぜそう考えるのか、具体的なことは全く論じていない。

そして、"The State party should..."つまり、批准国がすべきこととして前述の文章を復唱し、「条約の第十四条に適合し、第二次世界大戦中の性奴隷の生存者が賠償、リハビリテーション、真実に関する権利、再発防止の確約を含む償いと救済を確実に受け取れるように、韓国と日本は日韓合意を見直すべきである」と書いて終わっている。

懸念点と改善事項が同じ文の繰り返しとはどういうことか。何をもって不十分と判断するのか、なぜ再交渉が必要なのか、具体的なことには全く触れていない。これまでの経緯すら把握していないのか、完全に無視しているのか、要するに中身がない空っぽの提言なのだ。そして"and"で繋ぎ、セウォル号事件の被害者に関して同じような文言《もんごん》を繰り返している。

これが、国連の看板を掲げる条約機関の「勧告」の正体である。反日NGOの「お婆さんたちを無視して政府が結んだ合意は情緒的に受け入れられない」という苦情を受け入れ、文在寅政権の誕生に合わせた政治的圧力に過ぎないと思われても仕方がない。国連関連機関とは、こんな空虚な文言で圧力を掛けてくる団体に過ぎないのだ。

ジョセフ・ケナタチ「テロ等準備罪法案は欠陥法案だ！」

こちらは英語は丁寧だが、「いきなり」としか言いようがない。国連人権委員会の「プライバシーの権利」特別報告者のジョセフ・ケナタチ氏が、二〇一七年五月十八日付で安倍首相に公開書簡を送り付けてきた。

いわゆる「テロ等準備罪法案」が法務委員会で採決される直前のタイミングである。五ページにわたるケナタチ氏の書簡で繰り返し強調されている「懸念」は、要約すればこういうことである。

「この法律を施行し、その目的を達成するためには、必然的に監視活動の強化が必要になるが、それによって侵害されうるプライバシーの保護対策がなされていない。監視活動の実施を事前に許可する独立の第三者機関の設置も検討されていない。

日本の裁判所は極めて容易に令状を発布すると聞いており、捜査機関の活動の妥当性を適切に監視できるか疑問だ。さらに、テロリズムに関係ない犯罪まで幅広く含まれているのはおかしい」

要するに、「この法律によって個人活動に対する当局の監視強化が予想され、その分、プライバシーが侵害される恐れがあるが、それにカウンターする施策が施されていない」と言いたいわけである。特別報告者は当該分野の専門家なのだから、このような意見を述べること自体は問題ない。しかし、公開書簡の英語オリジナルを読むと、気になることが多々ある。

自分で書いているとおり、ケナタチ氏は法案の公式な翻訳を持っておらず、手元にある誰が訳したのか不明な仮訳を読んで書簡を書いている。いや、もっと正確に言えば、法案に反対する活動家やNGOから寄せられた報告をもとに書いているのだ。それゆえ、本人は知ってか知らずか“reportedly”や“allegedly”という単語をほとんどの段落で使用している。これは、「報告によれば」とか「〜と非難されているところの」というニュアンスになり、伝聞に基づいていることを示している。それが高じて、こうも書いてしまっている。

> Finally, reports underline the lack of transparency around the drafting of the original draft and the pressure of the Government for the rapid adoption of the law during the current month, undermining the promotion of adequate public debates.

「最後に、法案の起草を巡る透明性の欠如と、今月中の性急な採決を目指す政府の圧力によって、十分な国民的議論の促進が損なわれていることが報告で強調されています」（山岡訳）

この「報告」とは何のことだろうか？　“reports”と複数形になっていることから、ケナタチ氏が複数の「報告」なるものを読んで、その内容を原則鵜《う》呑《の》みにしていることがはっきりと読みとれる。ケナタチ氏は「政府が法案を性急に通すために圧力をかけている」という前提で、さらに次のように懸念を述べる。

Further concern is expressed that the allegedly expedited process used to push draft law may have a detrimental impact on human rights since the fast tracking of legislative procedures

「法案を押し通すために加速されていると非難されている立法過程が、人権に甚大な悪影響を及ぼしうるという、さらなる懸念が表明されています」（山岡訳）

これを読んでわかるのは、ケナタチ氏に報告した個人または団体が、「日本政府は法案を通すために不当に圧力をかけ、審議プロセスを短縮しようとしている」と信じており、そのような懸念を表明している、ということである。要するに、これもまた伝聞なのだ。

ちなみに、“allegation”とは「根拠が十分に検証されていない申し立てや主張」を意味する。ここでは、“allegedly”という副詞形が使われていることから、検証されていない第三者の主張であることがわかる。

この法案の審議は、政府の圧力によって不当に短縮されたのだろうか？　記録によると、衆議院での審議時間は三十六時間とある。法務委員会での重要法案の目安は三十時間だそうだから、不当に審議を速めたとは言えないだろう。

私が話を聞いた複数の記者は、むしろ揚げ足を取るばかりで真剣に審議に応じない野党の態度に批判的だった。このように、伝聞に基づいて法案の内容と政府の態度を批判するケナタチ氏は日本政府に質問を突きつけるのだが、これまた抽象的なのだ。

一、上記の各主張の正確性に関して、追加情報または見解をお知らせください。

二、当該法案の審議状態について情報を提供してください。

三、国際人権法の規範および基準と法案との整合性について情報を提供してください。

四、市民社会の代表者が法案を検証して意見を表明する機会があるかを含め、公衆参加の機会について詳細を提供してください。（山岡訳）

そして、いきなりこう述べる。

「法案審議がすでに相当進んでいるうえ、私の観点からは、大至急国民に注意喚起すべき事項があるため、この書簡を一般公開とし、特別報告者のウェブサイトに掲載されること、また、私が日本政府に懸念を表明していることを明らかにするプレスリリースを準備していることをお知らせします」（山岡訳）

これでは唐突な印象を免れない。ケナタチ氏にプロ意識があるのなら、一部の活動家やNGOの意見を聞いただけでいきなり公開書簡を送りつけるのではなく、改めて正式な調査を行いたい旨申し入れるべきだ。正式な調査が完了するまでに法案が可決したとしても、それは仕方がない。自分が遅れてきただけだ。

専門家として意見を述べるのはいいが、それをどう受け止めるかは主権国家の裁量であり、いきなり介入して法案審議を止めようとするのは僭越《せんえつ》な内政干渉になりうる。意見を述べて改善を求める、に留めなければ、活動家になってしまう。

長年、国連に幻想を抱いてきた日本政府も、さすがに不快感を露わにした。反論を提出するとともに、菅《すが》官房長官が会見で「不適切なもの」と明言した。

日本政府の反論は、ケナタチ氏の質問に一つひとつ答えるものではなく、次のように総括している。すなわち、

「国際組織犯罪防止条約を締結するための国内担保法の整備については、国民の内心を処罰することに繋がるとの懸念から、十年以上の長きに亘って議論されてきた（急に始めたことではない）。

日本のテロ等準備罪は条約を締結している百八十七の諸外国の国内法と比較すれば、極めて制約的なものである。したがって、仮に特別報告者の懸念が正しいものであるならば、それはまずそれら百八十七カ国の国内法に向けられなければならないはずである」

日本政府の怒りに接したケナタチ氏は、一気に感情的になって怒気を含んだ声明を出す。

「日本政府は実質的な反論を何一つできなかった。なんらかの訂正を余儀なくされるまで、安倍総理に向けた書簡の全ての単語、ピリオド、コンマに至るまで維持し続ける。日本政府がこの深刻な欠陥のある法案を拙速に押し通すことは絶対に正当化できない」

と応酬した。

同じ声明のなかでケナタチ氏は、日本政府に法案の公式英語訳を提出することを求めている。つまり、彼は公式な英語訳を読む前に苛烈《かれつ》な非難をしてきたことになる。一部の活

動家やＮＧＯの報告だけを聞き、日本政府から聞き取り調査をすることもなく、いきなり首相宛てに公開書簡を送りつけてくるやり方は拙速ではないというのだろうか？

ケナタチ氏は、なぜ急に介入してきたのだろうか？　もちろん、一部の活動家やＮＧＯが特別報告者を呼び込むいつものパターンである。特別報告者に情報を提供し、日本政府に対する苦言を呈させ、それを取り上げて「国連が懸念を表明している」と広報するおきまりのスパイラルだ。

今回も、エセックス大学人権センター研究員の藤田早苗氏がケナタチ氏に情報を提供、伊藤和子弁護士が事務局長を務めるヒューマンライツ・ナウというＮＧＯが国連宛に声明を送付し、特別報告者に対して緊急に介入するよう要請した。

ヒューマンライツ・ナウは五月二十三日に緊急記者会見を開いているが、福島瑞穂社民党議員の内縁の夫とされる海渡《かいど》雄一弁護士が長時間解説しており、件《くだん》のケナタチ氏もスカイプで参加している。国連特別報告者が特定の活動家やＮＧＯと行動を一体化させていることがよくわかる。

デビッド・ケイ「日本の表現の自由は危機に瀕している！」

何も変わっていないのにはさすがに驚いた。昨年、二〇一六年四月にケイ氏が発表した中間報告書の内容と、今回、二〇一七年五月にケイ氏が外務省に提示した報告書の草案の内容がほとんど同じなのである。つまり、日本政府をはじめ、寄せられた反論を全て無視した、ということだ。

前回の中間報告は、全般的に検証されていない伝聞に基づいており、特定のNGOや活動家の視点に強く影響されていることが明らかだった。

反論を受けて、どのように内容を変えてくるかと思っていたら、まさか、ほとんど同じとは驚きを禁じ得ない。これでは、議論によって内容を深化させることが目的ではないことが明らかである。同じ論調ながら、新たに具体例を加えてきたのは沖縄の活動家への弾圧の例ぐらいだ。

二〇一六年十月に沖縄平和運動センター議長の山城博治《ひろじ》氏が、沖縄北部の東村の米軍ヘリパッド建設現場近くの有刺鉄線を切断し、かつ、名護市辺野古のキャンプシュワブ前で防衛省職員に怪我を負わせて逮捕された件に関し、五カ月間の拘束が不当に長すぎるというのである。

違法行為を繰り返し、機動隊員や米兵とその家族に罵詈《ばり》雑言《ぞうごん》を浴びせる活動家たちの呆れた行状は無視して、逮捕者の拘束が長すぎると非難するケイ氏の立ち位置は、まるで活動家の弁護人である。これについては外務省が的確に反論している。以下に要約する。

「何よりも、山城氏が逮捕・抑留されたのは、彼が、抗議活動や反対活動を行ったからではなく、暴力を含む違法行為を行ったことによる。

山城氏が防衛省職員に暴力を振るったとされる場所は、名護の辺野古エリアにあるキャンプシュワブではなく、北部訓練場のヘリパッド建設工事用の道路上であり、基本的な事実誤認がある。

山城氏は現地で勤務している沖縄防衛局の職員の公務を妨害し、加療二週間を要する怪我を負わせたことで起訴された。さらに、名護の辺野古エリアにあるキャンプ・シュワブ・ゲート前に、コンクリート・ブロック約一千五百個を積み、威力業務妨害でも起訴されている。山城氏は、二〇一六年十月十七日以降、合計三回逮捕されているが、一回は現行犯逮捕であり、他の二回はいずれも、罪を犯したことを疑うに足りる相当な理由及び逮捕の必要性があると認められて、裁判官から発付された逮捕状により逮捕されている。

これらの逮捕後の抑留も、起訴後の抑留期間の延長も、必要性を認めた裁判官から発付された抑留状によるものである。抑留は刑事訴訟法二百七条及び六十条一項に基づき行われ、抑留期間の更新は刑事訴訟法六十条二項に基づき行われた」

二〇一七年六月二日に自民党本部で急遽開催された国際情報検討委員会（原田義昭議長）で、私はゲストとして呼ばれたケイ氏から直接話を聞く機会を得た。原田議長をはじめ、出席した議員からはケイ氏に対して厳しい意見が相次いだが、ケイ氏の反応は意外なほどソフトなものだった。彼の発言を要約する。

「特別報告者といいますのは、国連人権委員会から任命された様々な分野の専門家でありまして、国連から与えられた任務を遂行するのですが、その際、独立性ということが非常に重要です。北朝鮮に関する報告では、日本政府からも評価されております。

私は法体系に注目するのですけども、日本より問題のある国はいくらでもありまして、提言を無視されることもよくあります。私は、日本で政府への批判が許されていないとは考えていませんし、反日でも、反安倍でも、反特定秘密保護法でもなく、日本の政治に干渉する意図はありません。

マスメディアの構造に関してですが、圧力があるとしても、それは政府からの圧力と限定しておりませんで、基本的に良い状態をさらに良くしたい、と願っているわけであります。私のレポートはあくまでも強制力を持たない『提言』でありまして、敵意はなく、日本により成功していただきたい、というのが動機であります」

ケイ氏はこのような「説明」に終始し、個別のアイテムに関する突っ込んだ議論は行われなかった。そこで委員会終了後、私は個人的にケイ氏と名刺交換をしながら質問をぶつけてみた。

山岡 あなたは今回の報告書でも、政府に批判的な著名なキャスターが政府の圧力で立て続けに降板したと書いていますが、本当にそう考えているのですか？ と言いますのは、降板したキャスターは全員「政府から圧力をかけられたことはなかった」と明言しているのです。

ケイ 私は政府からの圧力と限定していません。社内の圧力だったのかもしれません。いずれにしても、ベテランのキャスターが一定期間に相次いで降板するのは異例だと思うのです。

山岡 慰安婦問題について、あなたは「人権侵害」「重大な犯罪」という表現を用いていますが、慰安婦制度のどの部分についてそのように判断されているのでしょうか？ 韓国の反日団体が主張するように、「軍隊を使って一般家庭から二十万人の女性を拉致《らち》し、性奴隷にしたあげくに殺害した」と考えているのですか？

ケイ いえいえ、私は特定のことを言っていませんし、韓国の活動家に同調はしていません。

山岡 慰安婦制度が違法だったとお考えなのですね？

ケイ もちろんです。あまりにも多くの証拠がありますから。

山岡 しかし、「人権侵害」「重大な犯罪」という強烈な言葉を使いながら、何をもってそう見做《みな》すのか、具体的に説明しなければ、徒《いたずら》に論争を呼び起こすだけではありませんか？

ケイ ……そうですね。ご指摘ありがとうございます（Thank you for raising that.）。

なんとも拍子抜けしてしまう。結局、自分が言いたいことを言っているだけにすぎないのか。誰かの代弁をしているにすぎないのか。

この例を見れば、「この問題では絶対に勝てないから黙っていたほうがよい、議論せずに謝ってしまった方が得策」というかつての外務省の対応がいかに間違っていたかわかるだろう。長年、海外で様々な人種とディベートを繰り広げてきた私にとっては信じられない愚策だ。

それにしてもケイ氏は、この程度の知見でどうしてあのような高圧的な報告書が書けるのか？　なぜ日本側の反論を無視できるのか？

ケイ氏は二〇一六年四月に中間報告を出した直後の五月十二日、日本政府の反応を待つこともなく、自身が所属するカリフォルニア州立大学アーバイン校で「日本の言論の自由への脅威」と題した公開討論を開催した。

その際に討論相手として参加したのが、極端な反日で知られるコネチカット大学のアレクシス・ダデン教授で、共催者として名を連ねたのが、やはり日本政府への攻撃を続けるジョージタウン大学のジョーダン・サンド教授だった。これは何を示唆しているだろうか？

部会終了後、ケイ氏は前述のヒューマンライツ・ナウというNGOが主催するシンポジウムへと移動した。立ち見が出るほどの盛況だったというこちらのシンポジウムには福島瑞穂議員も姿を見せ、ケイ氏も先ほどとは打って変わって、いつもの調子で日本政府を批判したとのこと。

この様子について、会場にいた杉田水脈《みお》氏が「デビッド・ケイ氏はヒューマンライツ・ナウにべったりでした」とフェイスブックに書いたところ、ヒューマンライツ・ナウの事務局長である伊藤和子弁護士がツイッターで噛みついた。

「あほやな、多くのアメリカ人エリート同様、彼はみんなにフレンドリー。特に主催者にはね。この人、池田信夫と同じこと言ってるから対応考えよ」

池田信夫氏に対してと同様、訴訟を起こすと仄《ほの》めかしているようである。

「提言」は丁寧に突き返せ

国連特別報告者とは人権理事会に業務委託された特定分野の専門家で、国連の職員ではなく、対価も得ておらず、報告書は国連の総意を反映したものではない。

したがって、「国連のほうから来たのかもしれないが、国連本体からの勧告と受け止める必要はない」という論調を目にする。それはそのとおりだが、国連の総意を反映していようといまいと、要は報告書の内容に傾聴に値する箇所があるかどうかに尽きるのである。

特別報告者は、特定分野の調査をして提言を行うのが仕事だ。繰り返すが、彼らが発しているのは「提言・提案（recommendation）」であって、それを読んで何をどこまで受け入れるかは対象国政府の勝手なのである。それをわざわざ「勧告」と訳して、あたかもお上《かみ》からのお達しであるかのように受け止めて大騒ぎする日本がおかしいのであって、ケイ氏が語ったように、無視する国もたくさんある。

「参考にはする。もし的を射た指摘があれば、対応する」これが政府の基本スタンスであるべきだ。「提言」が人権理事会に提出されたもの、すなわち特別報告者の個人的見解であろうと、それを受けた人権理事会が改めて「提言」を出してこようと、基本スタンスを変える必要はない。

無視はせず、内容は吟味《ぎんみ》したうえで具体的な回答は行う。そのうえで、このように丁寧に突き返せばいい。

「当該事項へのご関心ありがとうございます。貴殿のご質問には下記のようにお答えします。貴殿の提言に関しましては、○○の点に関しては有意義な指摘だと思いますので検討させて頂きます。他のポイントに関しては、事実誤認や伝聞に基づく考察と見受けられますので、同意致しかねます。詳細は下記をご覧ください。本件に貴重な時間と労力を費やしていただき、ありがとうございました」

これは即座に行う。もちろん、傾聴に値する項目が皆無というケースもあり得る。

そのうえで、「俺を無視しやがって」と高圧的な態度に出てきたら、次のようにはっきりと述べる。

「貴殿の任務（mandate）は調査と報告であり、その報告なり提言を受けてどう対応するかは各国政府の裁量である。特定の政治的立場をとる活動家やＮＧＯと行動をひとつにし、一国の法案審議に影響力を行使しようとするのは逸脱行為であり、内政干渉である。特別報告者は活動家のように振る舞うべきではない」

一言でいえば、自らの職責をわきまえろ、ということだ。

考えてもみてほしい。特別報告者らもはっきり言っているように、「特定秘密保護法」も「共謀罪」も、決して目新しい法律ではない。世界中の国々がすでに類似した法律を施行しているのである。

したがって、もしその分野のエキスパートで、各国の事情に精通しており、本当に「もともと優れた基盤（ファンデーション）をさらに良くする」のが目的なら、次のように建設的な提言ができるはずだ。

「法案を拝読しました。いくつかご提案させていただきます。〇〇についてですが、類似の法律に関して、たとえばヨーロッパでは〇〇のように定義しております。

貴国におかれましても、同様に定義すれば曖昧《あいまい》さを排除でき、運用も容易となり、報道の自由が不当に抑圧されるリスクを軽減できると考えますが、いかがでしょうか？」

現実にはこの逆となっている。特別報告者が対象国政府からだけではなく、民間ＮＧＯから情報を収集すること自体は間違っていない。

しかし、特定のＮＧＯや活動家に密着することは避け、できるだけ多様な立場の人々から聴取し、最終的にはニュートラルな立場からバランス感覚を持って提言しなくてはならない。ケイ氏が自ら説明したように、独立していること（independence）が重要なのである。

二〇一七年六月十二日、スイス・ジュネーブで開会中の国連人権理事会で、ケイ氏は日本の状況について報告し、「特に懸念する点」として以下の点を挙げたという(産経ニュース、二〇一七年六月十三日)。

一、政府当局からのメディアに対する直接的または間接的な圧力
二、一部の歴史問題に関する限定的な言論空間
三、安全保障分野に関する情報へのアクセス制限

何も実証できず、質問にまともに答えられなくても、平然とこのような発表をする国連特別報告者。これでは、国連が巨大な反日プロパガンダ組織だと思われても仕方がない。私自身、海外反日メディアとも戦っているが、彼らに共通しているのは「聞く耳を持たない」ということだ。調べたふりをして、自分たちに都合のいい偏向したストーリーをまき散らす。きちんとした文章を見せても無視する。相手に歴史修正主義者などのレッテルを貼り付け、自分たちの発信力で圧倒しようとする。そっくりではないか?

本来、中立的なスタンスを取るべきなのに、まるで活動家のような振る舞いになってしまう。政府も、安易に特別報告者を招聘《しょうへい》してはいけない。

日本は国連に莫大な分担金を払っている。したがって、国連からは相応の有意義なサービスを受け取る権利がある。そのひとつが、建設的で前向きな提案である。事実誤認や伝聞に基づいて批判ばかり並べ、建設的なアドバイスができないコンサルタントに大金を払い続ける人がいるだろうか？

払っている金額に見合うサービスが提供できないのであれば、相応に減額させてもらう。それぐらい突き離して考えて良い。国連は日本や世界のために「理想」を実現してくれる組織では到底ない。

それどころか、依然として敵国条項があることを忘れてはならない。日本は独立国として意見や提案に耳を傾けるが、自分のことは自分で決める。それが基本だ。

もう一度、繰り返す。特別報告者が発しているのは、あくまでも「提言・提案」である。「勧告」と訳すのは止めよう。まずはそれから始めよう。そして、国連を巻き込んで政府批判に利用する「先生に言いつけて叱ってもらおうスパイラル」に終止符を打とう。

あとがき

そもそも、国家として謝罪すると決めたら、何について謝罪しているのか、厳密に示さなくてはならない。謝罪は責任を伴うからだ。それをせずに、ただ相手の顔色を窺って「全米の有権者の三分の一に近いといわれる福音《ふくいん》伝道派にとって強制の有無は関係なく、慰安婦制度そのものが悪なのだから、慰安婦制度を持ったことは女性の尊厳を傷つける人権無視の行動として謝罪すればそれでいいのである」と言った外務省OBがいた。そして、外務省のホームページは現にそのポリシーで一貫して書かれている。このOBは外交通を自認しながら「謝ればそれで済む」という日本的発想から全く抜け出せていなかったのだ。

事実関係を明確にしないままにそんな謝り方をしたら、世界中は「やっぱり日本は二十万人の婦女子を強制連行して性奴隷にしていたのだ」と考え、歴史的事実として刻印されてしまう。その駄目押しをしたのが二〇一五年末の日韓合意だった。事実として認めたら最後、その後、どんなに非難されても弁明の余地がないのが国際常識なのだ。

高邁《こうまい》な教養に溺れ、欧米の高校生にもわかる常識が理解できなかった日本外交。なぜこんなことになるかと言えば、他律的な思考ばかりしているからだ。反論よりも大切なのは立論だ。まずは事実を厳密に検証し、自らの認識を明らかにする。そのうえで、本当に謝るべきことがあれば、謝ればよい。しかし、「強制連行も性奴隷も事実ではない」と知りながら、「世界の潮流はこうだから、ここはただ謝っておいたほうが得だ」などという考えに基づく謝罪は百害あって一利なしである。「謝罪」の意味を安易に捉《とら》えていると思われても仕方がない。そんな謝罪は軽薄さを伴うから、ますます攻撃される羽目になる。そのことに日本人もいい加減に気付くべきだ。歴史認識とは agree to disagree が原則だ。その場しのぎの謝罪は誰の為にもならない。だからもう止めよう。それがこの本に託されたメッセージである。

二〇一七年六月　　　山岡　鉄秀

【初出一覧】

第一章「オーストラリアの慰安婦像はこうして阻止した　母親と子供を守るために」『正論』二〇一五年二月号

第二章「豪州発　日本人よ目覚めよ！　中韓の慰安婦像完全阻止報告」『正論』二〇一五年十月号

第三章「ハンタジー」から覚めない韓国人　反日プロパガンダは終わらない「iRONNA」二〇一六年三月一五日／なぜ韓国人は「慰安婦像」をむやみに設置したがるのか「iRONNA」二〇一七年一月一三日

第四章「オーストラリア発！　海外で広がる慰安婦像設置運動の真相」『国連発　世界反日時代』ＭＳムック、二〇一六年十二月

コラム「拉致、麻酔薬、歴史戦…　中国の亡命外交官が明かした衝撃の事実」『正論』二〇一七年四月号

第五章　慰安婦問題で韓国に「無条件降伏」し続ける外務省のホームページ「iRONNA」二〇一六年六月二八日／「外務省の背信」『月刊Hanada』二〇一六年十月号

第六章「ひどすぎる外務省の英語発信力」『月刊Hanada』二〇一六年七月号

第七章「朝日新聞の背信」『月刊Hanada』二〇一六年九月号／「小学生慰安婦像は朝日が建

てた！」『月刊Hanada』二〇一七年四月号
第八章「『アジア女性基金』の背信」『月刊Hanada』二〇一六年十二月号
第九章「『日本に言論の自由はない』のか」『月刊Hanada』二〇一七年四月号
第十章「反日左翼のヒモ付き『国連報告者』の背信」『月刊Hanada』二〇一七年八月号

【著者略歴】
山岡鉄秀（やまおか・てつひで）

1965年、東京都生まれ。中央大学卒業後、シドニー大学大学院、ニューサウスウェールズ大学大学院修士課程修了。2014年、豪州ストラスフィールド市において、中韓反日団体が仕掛ける慰安婦増設置計画に遭遇。子供を持つ母親ら現地日系人を率いてAJCNを結成。「コミュニティの平和と融和の大切さ」を説いて非日系住民の支持を広げ、圧倒的劣勢を挽回。2015年8月、同市での「慰安婦像設置」阻止に成功した。現在、公益財団法人モラロジー研究所研究員。歴史認識問題研究会事務局長代行。

日本よ、もう謝るな！
歴史問題は事実に踏み込まずに解決しない

2017年8月9日　第1刷発行

著　　者　山岡鉄秀
発 行 者　土井尚道
発 行 所　株式会社　飛鳥新社
〒101-0003　東京都千代田区一ツ橋2-4-3　光文恒産ビル
電話　03-3263-7770（営業）　03-3263-7773（編集）
http://www.asukashinsha.co.jp
装　　幀　芦澤泰偉
印刷・製本　中央精版印刷株式会社

ISBN 978-4-86410-566-8

編集担当　工藤博海